中国法院2025年度案例

国家法官学院　最高人民法院司法案例研究院　/编

执行案例

中国法治出版社
CHINA LEGAL PUBLISHING HOUSE

《中国法院2025年度案例》通讯编辑名单

序

为深入学习贯彻习近平法治思想，落实习近平总书记“一个案例胜过一打文件”的重要指示精神，人民法院始终把完善中国特色案例制度，加强以案释法作为推进全面依法治国、支撑和服务中国式现代化的重要途径。人民法院案例库向社会开放一年多来，最高人民法院始终坚持高标准建设，实现入库案例对常见案由和罪名全覆盖，对于促进法律适用统一，实现严格公正司法发挥了重要作用。

“中国法院年度案例系列”丛书以及时记录人民法院司法审判工作新发展、新成就为己任，通过总结提炼典型案例的裁判规则、裁判方法和裁判理念，发挥案例鲜活生动、针对性强的优势，以案释法，以点带面，有针对性地阐释法律条文和立法精神，促进社会公众通过案例更加方便地学习法律，领悟法治精神，体现司法规范、指导、评价、引领的重要作用，大力弘扬社会主义核心价值观，积极服务人民法院案例库建设，加强对案例库案例的研究，促进统一法律适用，提升审判质效，丰富实践法学研究，增强全民法治意识和法治素养，展现新时代我国法治建设新成就。

“中国法院年度案例系列”丛书自2012年编辑出版以来，已连续出版13年，受到读者广泛好评。为更加全面地反映我国司法审判执行工作的发展进程，顺应审判执行实践需要，响应读者需求，丛书于2014年度新增金融纠纷、行政纠纷、刑事案例3个分册，2015年度将刑事案例调整为刑法总则案例、刑法分则案例2个分册，2016年度新增知识产权纠纷分册，2017年度新增执行案例分册，2018年度将刑事案例扩充为4个分册，2022年度将土地纠纷（含林地纠纷）分册改为土地纠纷（含环境资源纠纷）分册。自2020年起，丛书由国家法官学院与最高人民法院司法案例研究院共同编辑，每年年初定期出版。在全国各级人民法院的大力支持下，丛书编委会现编辑出版《中国法院2025年度案例系列》丛书，共23册。

“中国法院年度案例系列”丛书以开放务实的态度、简洁明快的风格，在编辑过程中坚持以下方法，努力让案例书籍“好读有用”：一是高度提炼案例内容，控制案例篇幅，每个案例字数基本在3000字左右；二是突出争议焦点，力求在有限的篇幅内为读者提供更多有效信息，便于读者快速抓取案例要点；三是注重释法说理，案例由法官撰写“法官后语”，高度提炼、总结案例的指导价值，引发读者思考，为司法审判提供借鉴，为法学研究提供启迪。

“中国法院年度案例系列”丛书编辑工作坚持以下原则：一是以研究案例库案例为首要任务。自2024年起，“中国法院年度案例系列”丛书优先选用人民法院案例库案例作为研究对象，力求对案例库案例裁判要旨的基本内涵、价值导向、法理基础、适用要点等进行深入分析，增强丛书的权威性、参考性。二是广泛选编案例。国家法官学院和最高人民法院司法案例研究院每年通过各高级人民法院从辖区法院汇集上一年度审结的典型案例近万件，使丛书有广泛的精选基础，通过优中选优，可提供给读者新近发生的多种类型的典型、疑难案例。三是方便读者检索。丛书坚持以读者为本，做到分卷细化，每卷案例主要根据案由或罪名分类编排，每个案例用一句话概括裁判要旨或焦点问题作为主标题，让读者一目了然，迅速找到目标案例。

中国法治出版社始终全力支持“中国法院年度案例系列”丛书的出版，给了编者们巨大的鼓励。2025年，丛书将继续提供数据库增值服务。购买本系列丛书，扫描腰封二维码，即可在本年度免费查阅往年同类案例数据库。我们在此谨表谢忱，并希望通过共同努力，逐步完善，做得更好，探索出一条充分挖掘好、宣传好人民法院案例库案例和其他典型案例价值的新路，为广大法律工作者和社会公众提供权威、鲜活、精准的办案参考、研究素材，更好地服务司法审判实践、服务法学教育研究、服务法治中国建设。

“中国法院年度案例系列”丛书既是法官、检察官、律师等法律工作者的办案参考和司法人员培训辅助教材，也是社会大众学法用法的经典案例读本，同时为教学科研机构开展案例研究提供了良好的系列素材。当然，编者们在编写过程中也难以一步到位实现目标愿景，客观上会存在各种不足甚至错误，欢迎读者批评指正。我们诚心听取各方建议，立足提质增效，不断拓宽司法案例研究领域，创新司法案例研究方法，助推实现中国特色司法案例研究事业的高质量发展。

国家法官学院　最高人民法院司法案例研究院

2025 年 3 月

目　录

Contents

一、对不动产的执行

二、对动产的执行

三、对金钱和账户的执行

四、对债权的执行

五、特殊情况下的执行

六、执行程序

一、对不动产的执行

1

案外人请求附带租赁拍卖是否支持的审查标准

——冯某某诉某小额贷款公司案外人执行异议之诉案

【案件基本信息】

1. 裁判书字号

广西壮族自治区柳州市中级人民法院（2023）桂02民终4038号民事判决书

2. 案由：案外人执行异议之诉

3. 当事人

原告（案外人、上诉人）：冯某某

被告（申请执行人、被上诉人）：某小额贷款公司

第三人（被执行人）：某食品公司、黄某甲、黄某乙

【基本案情】

某小额贷款公司与黄某甲分别于2013年2月1日、2014年4月26日就黄某甲所有的案涉房屋办理了抵押登记手续。

广西壮族自治区柳州市城中区人民法院于2014年11月24日分别作出（2014）城中民二初字第1511号、1512号民事调解书，调解协议内容为黄某

乙、某食品公司分期向某小额贷款公司归还借款本金及利息，不履行上述债务时，某小额贷款公司有权以黄某甲所有的案涉房屋折价或者以拍卖变卖该财产的价款优先受偿。后因某食品公司、黄某甲、黄某乙未履行上述生效法律文书确定的义务，某小额贷款公司向法院申请强制执行，法院于2015年9月7日分别作出（2015）城中执字第196号、第197号执行裁定书，裁定查封案涉房屋。在拍卖过程中，冯某某向法院提交落款时间为2012年4月5日《房屋租赁合同》，合同约定由黄某甲向冯某某出租案涉房屋；租赁期限为20年；月租金为5000元，租金合计为120万元，冯某某应分两次在2012年11月5日、2022年11月5日前支付10年租金60万元；冯某某已在合同签订前预付了30万元定金，合同签订后自动转为租金。法院于2019年8月31日作出（2015）城中执字第197号之二执行裁定书，裁定：附带租赁拍卖被执行人黄某甲所有的案涉房屋。某小额贷款公司对该裁定提出异议，法院于2022年3月22日作出（2020）桂0202执异51号执行裁定书，裁定中止对（2015）城中执字第197号之二裁定书的执行。冯某某提出异议，认为应对案涉房屋附带租赁拍卖，法院于2023年5月12日作出（2023）桂0202执异18号执行裁定书驳回冯某某的异议请求，故冯某某提起本案执行异议之诉。

另查明，冯某某在本案中提交有四份黄某甲签署的收据，2012年4月1日的收据内容为收到定金30万元；2012年11月7日、两份2022年11月2日的收据内容均为收到租金30万元；两份2015年9月23日的银行进账单，显示冯某某向黄某甲转账两笔30万元，注明为“付房租”。冯某某又提交一份《公证书》及黄某甲签字的落款时间为2015年11月11日的《房屋租赁声明承诺书》，显示已对“黄某甲”的签字进行公证，该承诺书载明黄某甲承认和认可案涉《房屋租赁合同》，且已收足租金，已于2012年4月5日将上述房屋交付给冯某某使用。冯某某还提交有期间为2016年5月3日至2017年3月2日的物业费、停车费收款收据，以及期间为2016年5月5日至2017年3月的电费、水费缴费发票。

【案件焦点】

冯某某请求附带租赁拍卖案涉房屋是否合理有据。

【法院裁判要旨】①

广西壮族自治区柳州市城中区人民法院审理认为：黄某甲当庭陈述案涉租赁合同实际签署时间为2014年底至2015年初，2012年的两张租金收据签署时间亦为2014年底至2015年初。本案为执行异议之诉，涉及多个债权人的利益保护，冯某某所举的证据均无法证明在抵押前其已经向黄某甲承租案涉房屋并实际交付使用，且合同约定租赁期限、租金支付方式等均与一般租赁关系交易习惯不符，故认为冯某某的主张依据不足。根据《中华人民共和国物权法》第一百九十条规定，本案冯某某的租赁关系设立在某小额贷款公司抵押权设立之后，不得对抗某小额贷款公司的抵押权，其主张带租拍卖案涉房屋无事实和法律依据，对冯某某的诉请不予支持。

广西壮族自治区柳州市城中区人民法院依照《中华人民共和国物权法》第一百九十条，《中华人民共和国民事诉讼法》第六十七条、第一百四十七条、第二百三十四条，《最高人民法院关于适用〈中华人民共和国民事诉讼法〉的解释》第三百一十条，《最高人民法院关于适用〈中华人民共和国民法典〉时间效力的若干规定》第一条之规定，判决如下：

驳回冯某某的全部诉讼请求。

冯某某不服一审判决，提起上诉。

广西壮族自治区柳州市中级人民法院经审理认为：根据《中华人民共和国物权法》第一百九十条，《最高人民法院关于人民法院办理执行异议和复议案件若干问题的规定》第三十一条，《最高人民法院关于适用〈中华人民共和国民事诉讼法〉的解释》第三百零九条的规定，被执行的不动产在设立有抵押权的情况下，承租人需同时满足租赁关系设立在抵押权之前且在人民法院查封前

---

① 本书【法院裁判要旨】适用的法律法规等条文均为案件裁判当时有效，下文不再对此进行提示。

已实际占有使用该不动产两个条件，才可以凭借租赁权排除强制执行。本案中，综合分析冯某某提交的证据，存在诸多不合理且无法相互印证之处。首先，案涉《房屋租赁合同》，约定的租赁期限长达 20 年，但两间别墅合计 562.34 平方米月租仅约定 5000 元且固定不变，不符合一般常理，且合同约定租金支付方式也与一般租赁关系交易习惯不符；其次，冯某某虽提交的 2012 年 2 张租金收据，没有银行流水佐证，其主张系以租金抵销其对黄某甲此前的债权，亦未提交证据证明双方早于该时期形成债权债务关系以及双方同意以租抵债的相关约定，其提交的两份 2015 年 9 月 23 日的银行进账单与其提交的租金收据落款时间 2022 年 11 月 2 日明显存在矛盾，对此冯某某未作出合理解释；再次，冯某某提交的《公证书》仅是对《房屋租赁声明承诺书》上黄某甲的签名、捺印进行公证，且该公证书形成时间是在抵押、查封之后，与租赁合同时间相差两年之久，再结合黄某甲对租赁合同以及租金收据的形成时间均不认可，故无法证明双方在 2012 年 4 月 5 日已签订合法有效的租赁合同；最后，冯某某提交的物业费、停车费收据，水电费缴费发票均是发生在案涉房屋被抵押、查封之后。因此，目前并无任何证据能证明冯某某的主张，其应承担举证不能的不利后果。

综上，冯某某的上诉请求不能成立，应予驳回；一审判决认定事实清楚，适用法律正确，应予维持。广西壮族自治区柳州市中级人民法院依照《中华人民共和国民事诉讼法》第一百七十七条第一款第一项之规定，判决如下：

驳回上诉，维持原判。

【法官后语】①

当担保物权与租赁权同存于一物时，抵押权人请求实现担保物权，势必会产生债权人与承租人的利益冲突，原《中华人民共和国物权法》第一百九十条（对应《中华人民共和国民法典》第四百零五条）针对二者冲突进行了优先性的规定。在执行阶段，《最高人民法院关于人民法院办理执行异议和复议案件

① 本书【法官后语】对此类法律问题涉及的法律法规等内容进行了时效性更新，下文不再对此进行提示。

若干问题的规定》第三十一条作了进一步细化规定。我国现行法律赋予租赁权物权化色彩，但是对租赁权的对抗性缺乏公示要求，易产生被执行人与案外人串通伪造虚假租赁合同，利用执行异议制度对抗执行的问题。因为虚设租赁具有隐蔽性和形式合法性，恶意串通的意思表示隐藏在实施者的内心，由债权人对主观恶意进行证明往往比较困难，故在审理该类涉不动产执行的案外人异议案件时，案外人需举证证明符合以下要件，其主张附带租赁拍卖的请求方能成立。

一、房屋租赁合同签订时间在抵押权设立、人民法院查封之前

为规避执行，案外人往往通过倒签时间，将租赁合同落款时间设在抵押或查封前，约定的租期甚至达到法定最长租期20年，且多为一次性签订，而非多次续订。采用较长租期主要是为了继续占有、使用租赁物，迫使法院对租赁物进行带租拍卖。本案中，案涉《房屋租赁合同》的签订时间从形式上来看系在抵押权设立、案涉房屋被查封之前，但一次性约定租赁期限长达20年，其他证据亦是在抵押、查封之后形成，故租赁合同形成时间存疑，待进一步审查。

二、约定的租金价格及支付方式符合交易习惯

虚假租赁关系的租金约定普遍低于市场价格，且在租赁期内相对固定、保持不变。支付方式主要为一次性支付大额租金，且大部分通过现金支付，出租人可能只出具收条作为支付凭据，无支付记录予以佐证。判断案外人提交的交付租金证据是否符合交易习惯，应重点围绕租金交付的时间、方式、过程等细节进行审查。本案中，案涉房屋面积达562.34平方米，月租仅约定5000元且固定不变；租期长达20年却仅约定分两次支付大额租金；部分租金收据与银行流水转账在时间上亦无法对应。此外，冯某某所称的黄某甲因“以租抵债”而向其出具租金收据，“以租抵债”的目的是进行债务清偿及保障债权的实现，即名为租赁实为借贷担保关系，即便存在“以租抵债”的事实，亦不应给予债务人以租赁权阻却法院执行的权利，否则可能会损害其他普通债权人公平受偿的权益。以上证据显示双方约定的月租金额过低，支付方式异常，与一般租赁关系交易习惯不符，冯某某的举证不足以证明其交付租金的真实性。

三、案外人已在人民法院查封前对不动产进行占用

占有是判断租赁权是否客观真实的重要权利外观要件，亦是法官判断权属的重要标准之一，虚假租赁合同往往无占有之实，被执行人获悉法院拍卖或者查封信息时，才制造案外人已经实际占有标的物的假象。审查案外人是否合理占有租赁物，可从是否进行装修、支付水电费、物业费或是否登记为营业执照住所地等方面综合作出判断。本案中，冯某某提交的物业费、停车费收据以及水电费缴费发票显示的交费时间均是在案涉房屋被抵押、查封之后，故上述证据不能证明冯某某已实际合法占有案涉房屋。

综上，案涉租赁合同不能直接证明租赁关系的真实性，冯某某提交的其他证据亦未能达到排除合理怀疑的证明标准，故法院对冯某某主张附带租赁拍卖的请求不予支持。

法院在审理本案过程中，采用“排除合理怀疑”的证明标准，为类案的审理提供了借鉴的思路。另需要注意的是，通过客观行为推断被执行人与案外人确实存在恶意串通损害债权人合法权益的主观故意时，可以依照法律规定对恶意承租人采取限期缴纳罚款或者拘留等强制措施；对于符合拒不履行判决、裁定罪的相关责任人员，依法追究其刑事责任，切实解决执行难问题。

编写人：广西壮族自治区柳州市城中区人民法院　黎小航

2

不动产权利承受人申请执行主体资格的确认及权利实现方式

——韦某乙诉胡某某排除妨害案

【案件基本信息】

1. 裁判书字号

广西壮族自治区柳城县人民法院（2023）桂 0222 执 245 号之一执行裁定书

2. 案由：排除妨害纠纷

3. 当事人

原告（申请执行人）：韦某乙

被告（被执行人）：胡某某

申请执行人：韦某甲

【基本案情】

韦某乙与胡某某系隔壁邻居，因共用入户通道外公共平台的使用发生纠纷，该排除妨害纠纷案于2022年11月16日经柳州市中级人民法院作出终审判决：胡某某拆除案涉防盗网，清除堆放在共用平台上的杂物。二审判决生效后申请强制执行前，韦某乙于2022年11月29日将涉案房产转让给韦某甲并办理不动产权变更登记。2023年2月3日，韦某乙向柳城县人民法院申请强制执行。当月14日，胡某某以韦某乙已转让房产给韦某甲，不再是原房产所有人无权申请强制执行为由提出执行异议，并希望与新邻居韦某甲调解，请求法院终结执行。但韦某甲不愿意调解希望继续执行，并于2月16日申请变更为本案申请执行人继续申请强制执行。

【案件焦点】

排除妨害纠纷案件中的生效法律文书确定的权利人在进入执行程序前已合法转让不动产所有权的，如何确定申请执行人，以及权利承受人的物权请求权如何实现。

【法院裁判要旨】

广西壮族自治区柳城县人民法院经审理认为：执行过程中，申请执行人或其继承人、权利承受人可以向人民法院申请变更、追加当事人。申请符合法定条件的，人民法院应予支持。不动产依法登记发生法律效力，涉案不动产原所有人韦某乙有权将自己所有的不动产转让给韦某甲，该不动产转让已登记发生法律效力，该物权转让行为合法有效，申请人韦某甲是涉案不动产的权利人。

妨害物权或者可能妨害物权的，权利人可以请求排除妨害或者消除危险。韦某甲是涉案房产的权利承受人，要求变更其为本案申请执行人的请求符合法律规定，应该予以支持。依据《中华人民共和国民事诉讼法》第一百五十七条第一款第十一项，《最高人民法院关于民事执行中变更、追加当事人若干问题的规定》第一条之规定，裁定如下：

变更韦某甲为本案申请执行人。

【法官后语】

本案是生效判决作出后，不动产权利人发生变更的，申请执行主体变更为权利承受人，关于权利承受人是否有权利继受的问题，具有一定的典型性。

一、生效判决作出后，权利人发生变更的，申请执行主体变更为权利承受人

根据《最高人民法院关于人民法院执行工作若干问题的规定（试行）》（以下简称《执行规定》）第十六条、第十八条关于生效法律文书确定的权利人的继承人、权利承受人申请执行的规定，本案主要涉及上述第二项，即韦某甲是否为生效法律文书的权利承受人，韦某乙已于2022年11月29日将涉案房产转让给韦某甲并办理不动产权变更登记，作为该不动产合法所有权人，其可对涉及该不动产主张物权权益。

最高人民法院指导性案例34号《李晓玲、李鹏裕申请执行厦门海洋实业（集团）股份有限公司、厦门海洋实业总公司执行复议案》也中指出，变更申请执行主体是在根据原申请执行人的申请已经开始了的执行程序中，变更新的权利人为申请执行人。根据《执行规定》第十八条、第二十条的规定，权利承受人有权以自己的名义申请执行，只要向人民法院提交承受权利的证明文件，证明自己是生效法律文书确定的权利承受人的，即符合受理执行案件的条件。这种情况不属于严格意义上的变更申请执行主体，但二者的法律基础相同，故也可以理解为广义上的申请执行主体变更，即通过立案阶段解决主体变更问题。

二、生效判决作出后，权利承受人申请执行主体资格的实现路径

从司法实践和有关法律条文解释可以理解到，受让人并不是案件诉讼的直

接参与人，并不能直接以申请执行人的角色申请人民法院对案件进行强制执行。而是依据民事诉讼法及有关司法解释的规定，履行必要的程序手续才能被确认为权利承受人。根据《最高人民法院关于执行案件立案、结案若干问题的意见》第二条“执行案件统一由人民法院立案机构进行审查立案，人民法庭经授权执行自审案件的，可以自行审查立案，法律、司法解释规定可以移送执行的，相关审判机构可以移送立案机构办理立案登记手续”的规定，权利人必须向人民法院立案庭递交主张权利的申请书。立案庭立案后，应当依照法律、司法解释的规定向申请人发出执行案件受理通知书。经过调查和听证后，依法作出变更债权受让人为案件的申请执行人。至此，受让人在法院执行案件的执行主体资格得到确认，在随后的执行程序中，受让人通过推进执行依法保护自己的合法权益。

三、关于不动产买受人物权期待权的学理

本案中还涉及不动产买受人的物权期待权理论学说，是指对于签订不动产买卖合同的买受人，在已履行合同全部或大部分义务的情况下，虽尚未取得不动产所有权，但赋予其类似于不动产所有权人的地位，其性质上虽是债权，但因买受人系在取得所有权之过程，该权利应是接近于物权。此类问题在类案中较为普遍，司法实践复杂迥异，难以判断，目前司法解释尚未达到使裁判尺度统一的理想效果。

物权期待权的权利属性目前主要体现在执行领域司法解释中，对该等权利的保护亦具逐步扩大和细化的趋势。其中，较常适用的司法解释为《最高人民法院关于人民法院办理执行异议和复议案件若干问题的规定》，第二十八条规定一般不动产买受人物权期待权保护的适用条件，第二十九条规定消费者买受人物权期待权保护的适用条件，第三十条规定预告登记情形下不动产买受人物权期待权的适用情形。从相关的规定中也可知，相关的法理思维是明确的。本案虽已经完成物权变更手续，但从以上的规定反向类比也可明确厘清本案的相关问题。

编写人：广西壮族自治区柳城县人民法院　韦文武　梧毅敏　何明章

3

离婚协议约定夫妻共有房产归其中一方所有但未办理过户，不能阻却人民法院的强制执行

——苏某某诉凌某某案外人执行异议之诉案

【案件基本信息】

1. 裁判书字号

广西壮族自治区南宁市中级人民法院（2023）桂01民终4204号民事判决书

2. 案由：案外人执行异议之诉

3. 当事人

原告（上诉人）：苏某某

被告（被上诉人）：凌某某

【基本案情】

苏某某与梁某某于1994年3月28日登记结婚，于2017年9月28日签订《离婚协议书》并于2017年9月29日办理离婚登记手续。《离婚协议书》约定双方各自婚前房产权属不变，归各自所有，婚后于1996年购买的登记在双方名下的某处403号房属夫妻共同财产，该房产归苏某某所有，苏某某无需补偿梁某某任何费用，梁某某应配合苏某某办理产权变更登记手续。梁某某名下另有一套房产422号房系梁某某的兄长为其购买的，该房产归梁某某所有。婚后2012年购买的海马牌小汽车一辆归苏某某所有，苏某某无需补偿梁某某任何费用。双方明确无共同债权债务等。苏某某与梁某某离婚后，403号房未变更登记至苏某某一人名下。

凌某某与梁某某民间借贷纠纷一案，本院于2018年11月22日作出

(2018) 桂 0107 民初 1155 号民事判决书，判决梁某某偿还凌某某借款 20000 元及逾期还款违约金。该判决查明了梁某某所欠凌某某借款的债务形成于 2016 年 1 月 10 日。该判决已于 2019 年 4 月 21 日生效并进入执行程序，执行中本院于 2019 年 9 月 29 日查封了 403 号房。本院在处置 403 号房过程中苏某某提出执行异议，本院经审查于 2021 年 10 月 28 日作出（2021）桂 0107 执异 371 号执行裁定书，裁定驳回苏某某的异议请求。原告不服该裁定，遂提起本案诉讼。

本院另于 2019 年 5 月 13 日作出（2018）桂 0107 民初 1154 号民事判决书，判决梁某某返还曾某某借款 35000 元及逾期还款违约金。本院还于 2019 年 5 月 14 日作出（2018）桂 0107 民初 1157 号民事判决书，判决梁某某返还葛某某借款 95000 元及逾期还款违约金。该两份判决书均于 2019 年 11 月 20 日生效。上述所欠梁某某、葛某某的借款债务均形成于 2016 年 1 月 10 日。

【案件焦点】

苏某某对位于某处 403 号所享有的民事权益能否足以阻却人民法院的强制执行。

【法院裁判要旨】

广西壮族自治区南宁市西乡塘区人民法院经审理认为：403 号房为苏某某与梁某某夫妻关系存续期间所购买的苏某某单位房改房，属夫妻共同财产。虽苏某某与在梁某某离婚时签订的《离婚协议书》中约定 403 号房归苏某某所有，但双方在《离婚协议书》签订后对该房产未进行不动产物权的变更登记，仍登记在双方共有名下，根据当时施行的《中华人民共和国物权法》第九条第一款规定："不动产物权的设立、变更、转让和消灭，经依法登记，发生效力；未经登记，不发生效力，但法律另有规定的除外。"以及第十七条规定："不动产权属证书是权利人享有该不动产物权的证明……"故 403 号房不发生物权变动效力，该房产仍属于夫妻共同所有。且苏某某与梁某某签订《离婚协议书》及办理离婚登记手续后，其在梁某某不配合办理产权变更登记情况下至该院查封该房产前长达 2 年内未通过提起诉讼等主张办理，怠于行使因《离婚协议书》取得的请求权，主观上存在过错。从梁某某所欠凌某某等人的借款债务形成的时间看，梁某某所欠债务形成时间均发生于其与苏某某协议离婚前，梁某某在未偿清债务情况下在离婚协议中将其夫妻名下共有房产约定归苏某某一人所有，损害了债权人的合法权益。综上所述，苏某某对 403 号房所享有民事权益不足以排除人民法院的执行，苏某某以 403 号房产权 100%为其所有为由，请求人民法院停止对该房的强制执行及解除查封，缺乏事实及法律依据，该院予以驳回。判决如下：

驳回原告苏某某的诉讼请求。

苏某某不服一审判决，提起上诉。

广西壮族自治区南宁市中级人民法院经审理认为：同意原审法院裁判意见，并依照《中华人民共和国民事诉讼法》第一百七十七条第一款第一项之规定，判决如下：

驳回上诉，维持原判。

【法官后语】

执行标的的异议是指在人民法院执行过程中，案外人对执行标的主张所有权或其他足以对抗执行的实体权利，请求执行法院停止执行的异议，旨在阻止、排除对特定标的的执行，属于实体上的权利救济。《中华人民共和国民事诉讼法》第二百三十八条规定，执行过程中，案外人对执行标的提出书面异议的，人民法院应当自收到书面异议之日起十五日内审查，理由成立的，裁定中止对该标的的执行；理由不成立的，裁定驳回。案外人、当事人对裁定不服，认为原判决、裁定错误的，依照审判监督程序办理；与原判决、裁定无关的，可以自裁定送达之日起十五日内向人民法院提起诉讼。故执行异议之诉系出现在案外人对执行标的的异议之后，以案外人异议为前置程序。案外人、当事人对执行异议裁定不服，认为与原生效判决、裁定无关的，可以自裁定送达之日起十五日内向执行法院提起执行异议之诉。

现实生活中，夫妻之间因感情不和协议离婚，双方在《离婚协议书》中约定夫妻共有房产全部归一方所有，但因双方怠于办理将房产产权过户至离婚后获得产权一方名下，而另一方拖欠个人债务导致房产被法院查封、执行的事例为数不少。在该情形中，离婚协议中获得房产的一方向执行法院提出执行异议，能否阻却人民法院的执行？根据《中华人民共和国民法典》第二百零九条第一款规定：不动产物权的设立、变更、转让和消灭，经依法登记，发生效力；未经登记，不发生效力，但是法律另有规定的除外。不动产不同于一般财产，其物权的设立、变更、转让和消灭，经依法登记方产生法律效力，如未经登记，则不发生法律效力（法律另有规定的除外）。本案中，苏某某与梁某某虽在《离婚协议书》中约定夫妻共有财产中位于某处的403号房归苏某某一人所有，但该房产系登记在两人名下，两人离婚后未按约定到房产管理部门办理产权变更登记，至人民法院查封之时仍登记在两人名下，故两人在离婚协议中所约定的房产归苏某某所有的不动产物权并未发生变更效力，物权仍归双方所有，人民法院执行查封梁某某名下的房产依法有据，苏某某为此向人民法院提出执行异议，其对案涉房产所享有民事权益不足以排除人民法院的执行，故不应得到人民法院的支持。但在执行中，仍应注意保护共有人的合法权益。

编写人：广西壮族自治区南宁市西乡塘区人民法院　梁永光

4

案外人基于离婚协议享有的权利能否在涤除抵押权后排除对涉案标的强制执行

——梁某诉北京某公司等执行异议之诉案

【案件基本信息】

1. 裁判书字号

北京市第二中级人民法院（2023）京02民终18855号民事判决书

2. 案由：执行异议之诉

3. 当事人

原告（被上诉人）：梁某

被告（上诉人）：北京某公司

被告（被上诉人）：曾某某、周某

【基本案情】

2013年5月7日，曾某将涉案房屋抵押给北京某公司，同日，双方办理了抵押登记手续。2013年5月8日，双方办理公证，并依法赋予其强制执行效力。同日，中信公证处出具公证文书。2013年6月20日，中信公证处作出执行证书。次日，北京某公司向本院申请强制执行，本院于2013年7月25日查封了曾某名下涉案房屋。

曾某与梁某于2005年5月12日结婚，后于2011年10月18日登记离婚，经民政局备案的离婚协议书约定涉案房屋贷款还清后，归女方所有，并过户给女方。2013年5月22日，梁某以离婚后财产纠纷为由，起诉要求确认涉案房屋归其所有，并要求曾某协助其办理产权过户手续。2013年9月5日，梁某对查封拍卖涉案房屋的行为提出案外人异议，本院裁定驳回其要求中止涉案房屋执行的申请。梁某提起案外人执行异议之诉，要求确认涉案房屋归其所有，停止对涉案房屋强制执行。2013年12月20日，针对梁某的离婚后财产纠纷，本院作出民事判决，确认涉案房屋归梁某所有，曾某协助办理过户手续。2014年3月24日，梁某针对案外人执行异议之诉提出撤诉申请，本院口头裁定准予其撤诉。

2016年3月30日，本院作出民事判决，判决撤销原离婚后财产纠纷民事判决书，并驳回梁某的诉讼请求。梁某上诉至北京市第二中级人民法院（以下简称二中院）。2016年12月26日，二中院裁定发回重审。2017年2月28日，本院作出民事判决撤销原离婚后财产纠纷民事判决书，涉案房屋归梁某所有，驳回梁某关于过户的其他诉讼请求。

2021年11月3日，案外人梁某再次于执行过程中提出异议，本院以梁某据以排除强制执行的生效法律文书作出日期时间晚于本院查封涉案房屋的时间，裁定驳回梁某的异议请求。梁某不服该裁定诉至法院，即本案。因被执行人曾某已死亡，本院依法追加曾某的父母曾某某、周某作为被告参与本案诉讼。

【案件焦点】

1. 执行异议之诉中能否涤除抵押权；2. 案外人基于离婚协议享有的权利能否排除对涉案房屋的强制执行。

【法院裁判要旨】

北京市大兴区人民法院经审理认为：第一，梁某对涉案房屋享有所有权。离婚协议签订时间早于本案典当债务发生时间近两年，不存在规避债务嫌疑，应属合法有效。梁某依据离婚协议获得要求房屋过户的债权请求权。但该离婚协议不能直接导致物权发生变动，故梁某当时尚未获得该房屋的所有权。在曾某典当房屋之前，因存在贷款和抵押，故并非梁某个人过错导致未办理变更登记。梁某在知悉典当纠纷后也通过提起诉讼的方式积极行使权利，且最终取得生效判决，该判决系离婚后财产纠纷的析产判决，其请求权系基于共有物分割，并非《最高人民法院关于执行权合理配置和科学运行的若干意见》第二十六条所指的确权诉讼案件，亦不在《最高人民法院关于人民法院办理执行异议和复议案件若干问题的规定》第二十六条语义涵摄范围内。

第二，北京某公司并未善意取得抵押权。本案中，涉案房屋系曾某处分前妻梁某所有的房屋，为无权处分。抵押权作为物权的种类之一，适用善意取得制度。因此，北京某公司是否构成抵押的善意取得决定其能否享有抵押权利。北京某公司未提交充分证据证明其在典当和抵押时对房屋权属情况尽到了合理、审慎的审查义务，故其不属于善意抵押权人，其设立抵押行为存在瑕疵，不构成善意取得抵押权。故梁某基于生效判决享有的所有权应当优先于北京某公司的普通债权。

北京市大兴区人民法院依照《中华人民共和国物权法》第二十八条、第一百零六条，《中华人民共和国民事诉讼法》第一百四十七条、第二百三十四条，

《最高人民法院关于适用〈中华人民共和国民事诉讼法〉的解释》第三百一十条，《最高人民法院关于适用〈中华人民共和国民法典〉时间效力的若干规定》第一条的规定，判决如下：

停止执行曾某名下位于北京市某房屋。

北京某公司不服一审判决，提起上诉。北京市第二中级人民法院同意一审法院裁判意见，依照《中华人民共和国民事诉讼法》第一百七十七条第一款第一项规定，判决如下：

驳回上诉，维持原判。

【法官后语】

《中华人民共和国民事诉讼法》设立执行异议之诉的目的在于保护相关民事主体对标的财产所享有的足以排除强制执行的合法权益，保护其不因标的财产被强制执行而遭受不可逆的损害。在执行异议之诉案件审理过程中，应根据个案的具体情况，比较有关权益的形成时间、内容、性质、效力以及对权益主体的利害影响等方面，综合判断是否应当停止执行。

首先，审查北京某公司是否享有抵押权。根据《最高人民法院关于人民法院办理执行异议和复议案件若干问题的规定》第二十七条的规定："申请执行人对执行标的依法享有对抗案外人的担保物权等优先受偿权，人民法院对案外人提出的排除执行异议不予支持，但法律、司法解释另有规定的除外。"由此可见，如执行标的上存在合法成立并经过公示的抵押权，案外人以其对执行标的享有所有权请求排除抵押权人对执行标的强制执行，法院原则上不予支持。因为抵押权构成对抵押财产所有权的负担和限制，不论抵押财产是否属于案外人所有，均不影响抵押权的实现。[①] 但本案的特殊之处在于案外人针对抵押权提出异议，认为曾某无权处分梁某的涉案房屋，北京某公司未尽合理审查义务，不享有合法有效的抵押权。本案中，早在典当纠纷发生之前两年，涉案房屋已

---

① 江必新、刘贵祥主编：《最高人民法院关于人民法院办理执行异议和复议案件若干问题规定理解与适用》，人民法院出版社 2015 年版，第 398 页。

经通过离婚协议约定归梁某所有，曾某无权处分涉案房屋，故本案需要审查北京某公司是否构成抵押权的善意取得。北京某公司作为经金融监管部门批准设立的金融机构，应当具有完备的交易常识和相关法律知识，故对于其抵押权善意取得的认定标准必然要高于一般的抵押权人。在设立抵押权时，除了对抵押人是否有权处分进行形式审查之外（包括在登记机构查验标的抵押物是否登记在抵押人一人名下，是否存在共有权人等），亦应当意识到抵押物的真实的权利状态可能与公示状态存在偏差，在交易中承担更多的积极的、审慎的注意义务，进一步实质审查（包括抵押人的婚姻状态、抵押物的占有使用情况等）。北京某公司提交的证据不足以证明其履行了上述实质审查义务，其设立抵押行为存在瑕疵，故北京某公司不属于善意抵押权人，不构成善意取得抵押权。

其次，比较权衡两种权利。从权利性质上看，梁某依据离婚协议享有的请求办理过户的权利与北京某公司对涉案房屋享有的权利均为平等债权。从权利内容上看，北京某公司对曾某享有的债权以曾某全部合法财产作为责任财产范围，并未单独指向涉案房屋，而梁某享有的请求办理过户的权利直接指向涉案房屋本身，其权利针对性相较前者更强。从对相关主体的利害影响上，北京某公司享有的一般债权，主要为交易的平等和自愿，而离婚协议更多涉及情感补偿、生活利益照顾等因素，因此梁某基于离婚协议享有的权利，相较于一般债权更具有保护的必要性。

最后，因涉案房屋存在抵押，故梁某未能及时办理过户登记非因其自身原因。故梁某享有的民事权益足以排除强制执行。

编写人：北京市大兴区人民法院　刘媛媛　蒋怡琴

5

被执行人名下唯一住房在另案中被司法处置后预留的租金，属于豁免执行的财产

——王某执行异议案

【案件基本信息】

1. 裁判书字号

北京市第三中级人民法院（2023）京03执复364号执行裁定书

2. 案由：执行异议

3. 当事人

申请执行人（异议人）：王某

被申请执行人：叶某某

【基本案情】

北京某贷款有限公司与杨某某、叶某某等公证债权文书一案，案号为（2021）京0113执恢36号。执行过程中，北京市顺义区人民法院（以下简称顺义法院）依法拍卖叶某某名下位于北京市顺义区的一套房产。2022年8月4日，顺义法院给叶某某及其同住家属发放八年租金共计297600元，该笔款项于2022年8月5日汇入叶某某名下银行账户。

王某与叶某某、杨某某土地经营权出租合同纠纷一案诉讼审理过程中，王某向顺义法院申请财产保全，顺义法院于2022年10月20日作出（2022）京0113民初7622号民事裁定："冻结被申请人叶某某、杨某某在银行账户中的存款526万元或查封其等值财产。"2022年10月24日，北京市顺义区人民法院冻结叶某某名下案涉账户，实际冻结金额299597.5元。

2023年1月17日，北京市顺义区人民法院作出（2022）京0113民初7622号民事判决："一、被告叶某某退还原告王某94.41万元，于本判决生效之日起七日内执行；二、被告叶某某赔偿原告王某70万元，于本判决生效之日起七日内执行；三、驳回原告王某的其他诉讼请求。"王某、叶某某不服一审判决，提起上诉。北京市第三中级人民法院于2023年6月7日作出（2023）京03民终5158号民事判决："驳回上诉，维持原判。"叶某某未履行生效法律文书确定的义务，王某申请强制执行，顺义法院依法立案执行，案号为（2023）京0113执5650号。2023年7月20日，顺义法院划拨叶某某名下案涉账户存款301929.08元。在存款被扣划后，被执行人叶某某联系到顺义法院，表示法院扣划的案款中有（2021）京0113执恢36号案件为叶某某预留的租房费用297600元，及5笔精神病人看护补贴费用3000元，并提交了相关证据。顺义法院在调阅相关卷宗并审核证据后，于2023年8月3日，承办人告知王某决定将划拨款项中的300600元发还叶某某及发还的原因。

另查明，叶某某与蔡某系母女关系，蔡某为精神残疾人。北京市顺义区某街道办事处分5笔向案涉账户汇款，每笔600元，共计3000元，汇款摘要载明看护补贴。

2023年8月14日，王某向顺义法院提出执行异议，请求继续执行上述款项，将300600元款项发还给王某。

【案件焦点】

被执行人名下唯一住房在另案司法处置后预留的租金，是否属于豁免执行的财产。

【法院裁判要旨】

北京市顺义区人民法院经审理认为：《最高人民法院关于人民法院民事执行中查封、扣押、冻结财产的规定》第四条规定："对被执行人及其所扶养家属生活所必需的居住房屋，人民法院可以查封，但不得拍卖、变卖或者抵债。"第五条规定："对于超过被执行人及其所扶养家属生活所必需的房屋和生活用品，人民法院根据申请执行人的申请，在保障被执行人及其所扶养家属最低生活标准所必需的居住房屋和普通生活必需品后，可予以执行。”《最高人民法院关于人民法院办理执行异议和复议案件若干问题的规定》第二十条第一款第三项规定，申请执行人按照当地廉租住房保障面积标准为被执行人及所扶养家属提供居住房屋，或者同意参照当地房屋租赁市场平均租金标准从该房屋的变价款中扣除五至八年租金的，法院可以执行被执行人及所扶养家属维持生活必需的居住房屋。本案中，法院拍卖叶某某维持生活必需的居住房屋后从房屋变价款中为叶某某及其所扶养家属保留的八年租金 297600 元、某街道办事处发放给叶某某作为监护人照顾患精神病女儿的看护补贴费用 3000 元，共计 300600 元，系保障叶某某及其所扶养家属所必需的居住和生活费用，执行实施部门予以发还叶某某，并无不当。关于王某的异议请求，于法无据，故应驳回王某的异议请求。

北京市顺义区人民法院裁定如下：

驳回异议人王某的异议请求。

王某不服，提出复议。

北京市第三中级人民法院依照《最高人民法院关于人民法院办理执行异议和复议案件若干问题的规定》第二十三条第一款第一项之规定，裁定如下：

驳回复议申请人王某的复议请求，维持北京市顺义区人民法院（2023）京 0113 执异 804 号执行裁定。

【法官后语】

豁免执行是在民事执行中，基于对公共利益保护，以及对债务人及其所抚养家属的基本人权保障而免予执行的一种制度。此制度是出于各方利益作出的价值选择，与执行中利益冲突协调机制的构建存在理论与制度设计上的契合。关于社会保险基金、证券登记结算机构设立的证券集中交付账户、专用清偿账户及资金等属于专款专用，法律法规亦有明确的执行禁止的规定。

豁免执行财产本质上是被执行人的生存权益与申请执行人的胜诉权益发生冲突时，进行价值选择的问题。

一方面应对被执行人生存权益进行保护。法院的强制执行不可避免地关系到被执行人的生存权等基本权利，强制执行不应该以牺牲基本人权为代价，也要防止普通的债权债务问题转化为社会问题。“生存权大于债权”，债权的实现应以保护债务人的生存权为底线，如果被执行人除了基本生存费用外无其他财产可供执行，应当充分考虑被执行人及其家属的生存问题，应当维持其基本的生存水平。民事诉讼法第二百五十四条第一款的但书部分和《最高人民法院关于人民法院民事执行中查封、扣押、冻结财产的规定》关于生活必需费用的规定，以及《最高人民法院关于人民法院办理执行异议和复议案件若干问题的规定》第二十条，都对被执行人及家属的基本生存权利的保护进行了规定。本案中法院已对上述两种价值冲突进行了选择，法院保留了另案为被执行人叶某某保留的相关款项以及街道办事处发放给叶某某作为监护人照顾精神病女儿的看护补贴费用，符合法律司法解释的特殊规定，也符合对基本生存的期待。

另一方面也应保护申请执行人的胜诉权益。在充分保障被执行人基本生存权的同时，应最大限度地让债权得以实现。执行法院应穷尽执行措施，依法对被执行人的财产采取查封、扣押、冻结、拍卖等措施，充分保护申请执行人的合法权益。本案中，执行复议的裁定书中也特别指出，法律虽然对当事人的基本生存权利予以保护，但生效法律文书确定的义务并不因此得到免除，因此在基本生存权利得以保障的情况下，叶某某仍应依法履行生效法律文书确定的义务。

编写人：北京市顺义区人民法院　孟祥磊　方鸿博　刘霞

6

买受人以拍卖公告未披露拍卖房产系“凶宅”为由申请撤销拍卖能否支持

——赵某某执行异议案

【案件基本信息】

1. 裁判书字号

北京市顺义区人民法院（2023）京0113执异773号执行裁定书

2. 案由：执行异议

3. 当事人

异议人：赵某某

申请执行人：张某

被申请执行人：权某甲、权某乙

【基本案情】

权某甲、权某乙为姐弟关系，张某与权某甲、权某乙民间借贷纠纷一案，张某依据（2020）京0113民初11423号民事判决向北京市顺义区人民法院申请强制执行。

2023年5月16日10时起至2023年5月17日10时止，北京市顺义区人民法院在网络司法拍卖平台上对查封的权某甲名下位于北京市通州区的一套房屋进行了公开拍卖。北京市顺义区人民法院于2023年4月10日发布案涉房屋第一次拍卖公告。拍卖公告第五条“咨询、展示看样的时间与方式”，其中载明“标的物以实物现状为准，法院不承担拍卖标的瑕疵保证。所以请竞买人在拍卖前必须仔细审查拍卖标的物，调查是否存在瑕疵，认真研究查看所竞买标的物的实际情况，并请亲临展示现场，实地看样，未看样的竞买人视为对本标的实物现状的确认，慎重决定竞买行为，竞买人一旦作出竞买决定，即表明已完全了解，并接受标的物的现状和一切已知及未知的瑕疵”。

最终赵某某以最高价346万元竞拍成功，拍卖款全部缴纳至北京市顺义区人民法院指定账户。拍卖成交裁定及成交确认书均已向买受人赵某某送达。但赵某某在办理房屋交付过程中，得知案涉房屋为“凶宅”，曾发生过跳楼事件，故始终未办理房屋所有权过户手续，并向北京市顺义区人民法院提起执行异议。

异议人赵某某称，北京市顺义区人民法院在拍卖案涉房屋时，没有披露案涉房屋是“凶宅”的这一重大瑕疵，购买案涉房屋是准备作为婚房使用，从心理和社会情理上，无论如何都不能居住。故请求撤销关于案涉房屋的拍卖成交执行裁定书及司法拍卖成交确认书，退还其缴纳的拍卖款346万元。

审查过程中，被执行人权某甲、权某乙均承认，二人之姐权某曾偶尔到案涉房屋陪同被执行人父母居住，因权某患有抑郁症，在2014年10月的一天下午，权某疾病发作，从案涉房屋南向卧室跳楼，当场死亡。权某甲、权某乙并未在拍卖前向法院说明上述情况。

【案件焦点】

买受人以案涉房产系“凶宅”为由请求撤销拍卖，能否支持。

【法院裁判要旨】

北京市顺义区人民法院认为：当事人、利害关系人认为执行法院的执行行为违反法律或司法解释规定的，可以向执行法院提出书面异议。《最高人民法院关于人民法院网络司法拍卖若干问题的规定》第十二条规定：“网络司法拍卖应当先期公告……拍卖公告应当包括拍卖财产、价格、保证金、竞买人条件、拍卖财产已知瑕疵、相关权利义务、法律责任、拍卖时间、网络平台和拍卖法院等信息。”第三十一条规定：“当事人、利害关系人提出异议请求撤销网络司法拍卖，符合下列情形之一的，人民法院应当支持：（一）由于拍卖财产的文字说明、视频或者照片展示以及瑕疵说明严重失实，致使买受人产生重大误解，购买目的无法实现的，但拍卖时的技术水平不能发现或者已经就相关瑕疵以及责任承担予以公示说明的除外……（六）其他严重违反网络司法拍卖程序且损害当事人或者竞买人利益的情形。”本案中，二被执行人承认案涉房屋曾发生跳楼死亡事件，该情形足以影响到购房者的心理感受，进而影响到购房者的真实意思表示，竞买人如在拍卖前能得知该不利因素，必将对其作出是否竞买及以何种价格竞买的决定产生重大影响，因此，该情形构成案涉房屋的重大瑕疵。另外，并非所有重大瑕疵通过法院通常的财产调查工作即能够查明，竞买人更不可能通过现场看样即可当然知晓，此类瑕疵包括财产内部难以通过外部观察辨别出的瑕疵、影响竞买人作出决定的特殊情况比如本案中的非正常死亡事件等，此种情形下，竞买风险一概转移至竞买人亦不公平。本案二被执行人未将案涉房屋已知瑕疵告知法院，致使拍卖公告未能披露重大瑕疵，竞买人产生重大误解，购买目的无法实现，损害了竞买人的利益。综上，赵某某所提异议请求于法有据，北京市顺义区人民法院予以支持。

北京市顺义区人民法院依据《中华人民共和国民事诉讼法》第二百三十二条，《最高人民法院关于人民法院办理执行异议和复议案件若干问题的规定》第十七条第二项，《最高人民法院关于人民法院网络司法拍卖若干问题的规定》第十二条第二款、第三十一条之规定，裁定如下：

撤销（2022）京 0113 执 6459 号案件对北京市通州区某房产的网络司法拍卖行为，将拍卖款 346 万元返还赵某某。

【法官后语】

司法拍卖作为公法拍卖行为，重要目标是实现申请执行人的胜诉权益。而网络司法拍卖作为受众面广、竞价变现迅捷、社会成本较低的财产处置方式，正日益成为司法处置财产的主流选择。但在此过程中，竞买人信息来源途径较窄，往往只有拍卖公告和拍卖标的物展示环节。而当拍卖标的物为房产等价值较高的物品时，重要信息披露的缺失往往会造成拍卖成交价格同社会公允价格偏离较大。因此就需要给予处于弱势地位的买受人以执行救济机制来维护自身权利，制衡执行拍卖公法行为的强制性，赋予相关买受人申请撤销网络司法拍卖行为的权利。

《最高人民法院关于人民法院网络司法拍卖若干问题的规定》（以下简称《网拍规定》）第十二条规定："网络司法拍卖应当先期公告……拍卖公告应当包括拍卖财产、价格、保证金、竞买人条件、拍卖财产已知瑕疵、相关权利义务、法律责任、拍卖时间、网络平台和拍卖法院等信息。"这就要求人民法院在处置财产时，应在职权范围内对被处置财产进行较为全面的调查，并在拍卖公告中详细公示拍卖财产已知瑕疵等重要信息。《网拍规定》第三十一条第一项将信息披露"严重失实"列为网络司法拍卖可以被撤销的情形，目的是在买受人权益受损的情况下，赋予其充分的救济权利，体现司法权威，提升司法公信力，切实维护社会公平正义。

在买受人行使撤销申请权的审查过程中，应把握以下几个标准，现结合本案情况详细说明。

第一，拍卖公告信息披露的瑕疵达到"严重失实"的程度，错误披露或者重大瑕疵未披露，导致拍卖成交价格与社会公允价格差异较大。而"凶宅"指房产中发生非正常死亡的情况，在经济活动中会导致成交价格低于市场价，也会导致很多潜在购买者慎重决定是否购买。本案在拍卖公告中未披露被拍卖房产为"凶宅"这一特殊情况，而在社会经济买卖中，这一重要信息未披露直接导致成交价格高于公允价格成交，也致使心理上不能接受"凶宅"的竞买者参与竞价，达到了"严重失实"的程度。

第二，信息严重失实与买受人产生重大误解存在因果关系。买受人应基于对拍卖财产的全面了解，而作出是否参与拍卖以及以何种价格买受的决定。赵某某基于失实的信息而以较高的价格竞得"凶宅"，其产生的重大误解与拍卖公告的信息严重失实存在明显因果关系。

第三，必须达到购买目的无法实现的程度，竞买人参与司法拍卖是为了获得拍卖标的物的物上排他性权益及其他经济价值。如果拍卖公告中虽存在瑕疵但不对竞买人的购买目的产生实质影响，则不能产生撤销司法拍卖的效果。本案中赵某某自述购买拍卖房产是为了做婚房，而拍卖房产发生过非正常死亡的情况，使其难以从心理上、感情上接受该房产作为婚房使用，已经达到了购买目的无法实现的程度。

在司法实践中保障买受人拍卖撤销申请权，有助于维护司法权威，提升司法公信力，促进执行规范化的建设，切实维护社会公平正义。

编写人：北京市顺义区人民法院　孟祥磊　刘霞

7

案外人已尽注意义务未发现拟购房屋被查封的不应认定查封保全措施对其产生效力

——信某诉某建筑公司、某不动产登记中心案外人执行异议之诉案

【案件基本信息】

1. 裁判书字号

黑龙江省高级人民法院（2023）黑民再429号民事判决书

2. 案由：案外人执行异议之诉

3. 当事人

原告（执行案外人、上诉人、再审申请人）：信某

被告（申请执行人、被上诉人、被申请人）：某建筑公司

被告（被上诉人、被申请人）：某不动产登记中心

【基本案情】

黑龙江省海林市人民法院因某建筑公司与某开发公司建设工程施工合同纠纷一案，查封包括案涉房屋在内的部分房屋。黑龙江省海林市人民法院于2019年7月29日向某不动产登记中心送达民事裁定书和协助执行通知书，并于2019

年8月2日向某开发公司送达查封裁定书。2019年7月30日，信某与某开发公司签订《商品房买卖合同》，购买案涉房屋。信某以银行转账方式支付给某开发公司的法定代表人280000元。同日，某开发公司给信某出具了226818元的三联单购房收据，并于当日到海林市房地产交易所开具商品房销售备案登记表。2020年12月24日信某在接到某开发公司可以办理不动产权证照的通知后，到某不动产登记中心办理案涉的不动产权变更登记，知晓案涉已被查封，信某作为案外人提出执行异议。

【案件焦点】

信某对案涉房屋是否享有足以排除强制执行的民事权益。

【法院裁判要旨】

黑龙江省海林市人民法院经审理认为：本案应适用《最高人民法院关于人民法院办理执行异议和复议案件若干问题的规定》第二十九条的规定。信某于2019年7月30日签订《商品房买卖合同》购买了案涉房屋，且支付了全部购房款并用于居住，但在此之前，黑龙江省海林市人民法院已经作出（2018）黑1083民初1491号之一民事裁定，查封了案涉房屋，并于2019年7月29日将该裁定书和协助执行通知书送达给某不动产登记中心。因此，信某虽然与某开发公司签订《商品房买卖合同》并进行销售备案登记及交纳相关税费，但其诉请不符合第二十九条第一项的规定，不享有足以排除强制执行的民事权益，其诉请应予驳回。

黑龙江省海林市人民法院依照《中华人民共和国合同法》第四十四条，《最高人民法院关于人民法院办理执行异议和复议案件若干问题的规定》第二十九条，《中华人民共和国民事诉讼法》第六十七条第一款、第一百四十四条，《最高人民法院关于适用〈中华人民共和国民事诉讼法〉的解释》第三百零九条、第三百一十条第一款第二项规定，判决如下：

驳回信某的诉讼请求。

信某不服，提起上诉。黑龙江省牡丹江市中级人民法院经审理认为：黑龙江省海林市人民法院于 2019 年 7 月 25 日作出（2018）黑 1083 民初 1491 号之一民事裁定，查封案涉房屋，某不动产登记中心在《送达回证》上的签收时间为 2019 年 7 月 29 日，故已于 2019 年 7 月 29 日发生法律效力。信某与某开发公司签订的《商品房买卖合同》时间为 2019 年 7 月 30 日。信某与某开发公司签订房屋买卖合同时间在人民法院查封案涉房屋之后，不符合《执行异议和复议案件规定》第二十八条、第二十九条关于“在人民法院查封之前已签订合法有效的书面买卖合同”的规定。

黑龙江省牡丹江市中级人民法院依照《中华人民共和国民事诉讼法》第一百七十七条第一款第一项规定，判决如下：

驳回上诉，维持原判。

信某不服，申请再审。黑龙江省高级人民法院经审查认为：信某的再审申请符合《中华人民共和国民事诉讼法》第二百零七条第六项规定的情形，裁定提审本案。黑龙江省高级人民法院经审理认为：海林市人民法院裁定查封案涉房屋，系于 2019 年 7 月 29 日向海林市不动产登记中心送达民事裁定书和协助执行通知书。海林市不动产登记中心及海林市房地产交易所均系办理房屋交易及产权登记的政府工作机构。海林市人民法院向海林市不动产登记中心送达的民事裁定书和协助执行通知书的效力尚未及于海林市房地产交易所，故可以认定信某签订案涉合同发生于人民法院查封之前，信某对案涉房屋享有的民事权益足以排除强制执行。

黑龙江省高级人民法院依照《中华人民共和国民事诉讼法》第二百一十四条第一款、第一百七十七条第一款第二项的规定，判决如下：

一、撤销牡丹江市中级人民法院（2022）黑 10 民终 970 号民事判决及海林市人民法院（2022）黑 1083 民初 355 号民事判决；

二、不得执行案涉房屋。海林市人民法院（2022）黑 1083 执异 1 号执行裁定于本判决生效时自动失效。

【法官后语】

《最高人民法院关于人民法院办理执行异议和复议案件若干问题的规定》

第二十九条是关于房屋消费者物权期待权的保护条件，房屋消费者物权期待权保护，也称为弱者保护，是指在执行程序中，基于对消费者生存权这一更高价值的维护，赋予消费者对买受房屋的物权期待权以排除执行的效力。该条适用于金钱债权执行中，买受人对登记在被执行的房地产开发企业名下的商品房提出异议的情形。案外人需同时满足该条规定的四项条件方可享有排除人民法院强制执行的民事权益。第一，异议指向标的物必须是房地产经营者所开发的商品房。这就把一般民事主体之间的民事交易排除在消费者保护原则之外，也就是说只限于一手房买卖。对于房地产经营者开发的商品房销售而言，由于有比一般民事主体相对严格的监管制度，一般都签订有规范的商品房销售合同，绝大部分还要办理销售合同备案、网签或者预登记手续，比较容易判断。第二，保护的对象必须是消费者。按照《中华人民共和国消费者权益保护法》第二条的规定，消费者是为生活消费需要而购买商品、使用商品或者接受服务的人。首先，从自然属性上看，消费者必然是自然人，法人或者其他组织由于不存在生活消费的问题，不在消费者之列，但是，如果法人或者其他组织以单位名义购买，并已经分配给职工个人居住，可以认定为消费者。其次，在判断购房人是“为生活需要”还是“为生产经营需要”的问题上，确实存在技术上的难题。如以购房人主观上是不是为了生活需要判断，存在一定的难度，有的人购买普通居住用房可能是为了出租牟利；有的人购买商业用房，可能就靠收取其租金维持基本生活。如果案外人所购房屋的性质为居住用房，则认定为消费者。如果所购房产为写字楼、门面房等经营性用房，则不是消费者。第三，交付了50%以上的购房款。消费者物权期待权保护体现了对消费者生存权的倾斜，只要其缴纳的购房款超过50%，就应保护。在案外人仅支付部分购房款的情形下，执行法院可以对买受人应当支付的剩余房款，按照到期债权进行执行。第四，签订合法有效的书面买卖合同的时间需在人民法院对标的物查封之前。

本案中，案外人与被执行人就执行标的签订房屋买卖合同之时，虽然人民法院已向不动产登记中心送达查封裁定，但由于不动产登记中心与房地产交易所并未实现数据信息实时共享，对不动产登记中心送达的查封裁定效力依法不能认定及于房地产交易所。信某凭据对房地产交易所登记信息的信赖订立商品房买卖合同，已经尽到应尽的注意义务。在此情形下，应当认定案外人与被执行人签订房屋买卖合同的时间（与在房地产交易所进行商品房销售备案登记时间为同一天）早于人民法院的查封，案外人符合“在人民法院查封之前已签订合法有效的书面买卖合同”这一要件，有权排除法院强制执行。

编写人：黑龙江省高级人民法院　张炜　刘芳百

8

被征收人的拆迁安置房取得权是否足以排除强制执行

——宋某某诉庞某某、某房地产公司执行异议之诉案

【案件基本信息】

1. 裁判书字号

河南省驻马店市驿城区人民法院（2023）豫 1702 民初 6426 号民事判决书

2. 案由：执行异议之诉

3. 当事人

原告：宋某某

被告：庞某某、某房地产公司

【基本案情】

宋某某曾先后两次以商品房预售合同纠纷为由向河南省驻马店市驿城区人民法院起诉某房地产公司，经法院调解和判决，分别解除了双方签订的两个《商品房买卖合同》。后因某房地产公司未履行返还购房款及相关费用义务，宋某某申请强制执行，河南省驻马店市驿城区人民法院于 2023 年 4 月 17 日查封

了某房地产公司开发的房产一套。庞某某对查封提出异议，2023 年 5 月 18 日，河南省驻马店市驿城区人民法院作出执行裁定，中止对该房产的执行。宋某某不服，提起诉讼。

2011 年 8 月 15 日，某房地产公司与庞某某签订《拆迁安置协议书》及《产权调换安置协议书》。《拆迁安置协议书》明确了安置单位为某房地产公司、安置位置、被拆迁人庞某某及产权调换，互补差价的安置方案。《产权调换安置协议书》进一步明确了安置房建筑面积 113 平方米，安置房交付时按原房产证证载面积 1∶1 产权调换，再根据超出部分的面积按不同的市场销售优惠购买。某房地产公司陈述其公司开发的小区以前叫成功苑小区，现在在房管局备案为商住楼，一层至五层为商铺，五层以上为住宅。

2017 年 3 月 21 日，某房地产公司与庞某某签订《商品房订购协议书》，明确该协议签订的买卖房屋为拆迁安置房，买卖房屋建筑面积约 109. 42 平方米，除去买受人原房屋面积 65. 86 平方米（该部分不计入售价面积），剩余部分即 43. 56 平方米需买受人按与出卖人签订的《产权调换安置协议书》规定进行购买。除去产权置换面积及按项目总成本计算的面积 10 平方米之外，房屋总价款为人民币 135884 元。当日，庞某某补交了超出产权置换面积的房款 135884 元，并向某房地产公司交纳了燃气初装费、电视费、材料费。

河南省遂平县人民法院在审理赵某某与庞某某、某房地产公司等申请执行人执行异议之诉一案中，对本案案涉房屋进行了审查。一审判决驳回赵某某的诉讼请求。赵某某不服判决提起上诉，驻马店市中级人民法院认为某房地产公司以所有权调换形式，将具有特定位置、用途的案涉房屋作为安置房分配给庞某某，庞某某对案涉房屋享有优先取得权，足以排除执行，故判决驳回上诉，维持原判。

【案件焦点】

被征收人庞某某享有的拆迁安置房取得权是否足以排除强制执行。

【法院裁判要旨】

河南省驻马店市驿城区人民法院经审理认为：首先，2011 年 8 月 15 日，庞某某作为被拆迁人与某房地产公司签订《拆迁安置协议书》及《产权调换安置协议书》，约定“被拆除房屋坐落风光路北段路西号、砖混结构、二层、一套、建筑面积 54.88 平方米；安置方案为产权调换，互补差价安置”。其次，2017 年 3 月 21 日，庞某某与某房地产公司签订《商品房订购协议书》，约定原房屋面积不计入售价面积，庞某某需向该公司补交房屋差价款 135884 元。同日，庞某某向某房地产公司缴纳了房屋差价款及燃气初装费、电视费、材料费。最后，庞某某作为被拆迁人，取得安置房产是以原房产被拆除为代价，《拆迁安置协议书》和《商品房买卖合同》均是在查封前，案涉房屋属于拆迁补偿安置性房产，且该事实已经由生效的民事判决书予以确定。综上，案涉房产系庞某某通过以物易物的方式取得的房屋权益，其权益性质有别于一般房产受让人，被告对案涉房屋所享有的权利系特殊债权，具有物权的优先效力，应予优先保护。因此，庞某某所举事实证据符合《最高人民法院关于人民法院办理执行异议和复议案件若干问题的规定》第二十四条的规定，能够排除执行。

河南省驻马店市驿城区人民法院依照《最高人民法院关于人民法院办理执行异议和复议案件若干问题的规定》第二十四条，《最高人民法院关于适用〈中华人民共和国民事诉讼法〉的解释》第三百一十一条第二项，《中华人民共和国民事诉讼法》第六十七条之规定，判决如下：

驳回宋某某的诉讼请求。

判决后，双方当事人均未上诉，本判决现已生效。

【法官后语】

一直以来，拆迁户的安置权在权利保护体系中处于较为优先的顺位，但 2020 年修正的《最高人民法院关于审理商品房买卖合同纠纷案件适用法律若干问题的解释》删除了 2003 年该司法解释第七条第一款“拆迁人与被拆迁人按照所有权调换形式订立拆迁补偿安置协议，明确约定拆迁人以位置、用途特定的房屋对被拆迁人予以补偿安置，如果拆迁人将该补偿安置房屋另行出卖给第三人，被拆迁人请求优先取得补偿安置房屋的，应予支持”。那么，在2020年修正的该司法解释实施后被拆迁人对安置房是否仍具有优先取得权、是否足以排除强制执行，又当如何处理？

在司法实践中，有观点认为，被拆迁人对拆迁房屋的权利并不属于法定的物权种类，不应具有优先取得权，不足以排除强制执行。这是在2003年该司法解释第七条的规定被删除后，根据物权法定原则得出的结论。但是这种观点没有考虑到被拆迁人安置取得权是一种特殊债权，该特殊债权被赋予了物权的优先性效力。虽然在2020年修正的该司法解释中删除被拆迁人优先取得权的规定，但这并不意味着拆迁安置户的权利保护力度的降低，只是出于形势的变化和立法用语统一的需要作出的调整。我们还是认为，在产权调换型拆迁模式下，被征收人对拆迁安置房的优先取得权足以排除强制执行。理由如下：

一是产权调换型协议具有以物易物的性质，且对被拆迁人的权益应坚持侧重保护或特别保护的原则。虽然被拆迁人安置优先取得权的相关司法解释被删除了，但拆迁总体上是出于城市规划和城市旧城区改造的需要，同时也是基于公共利益原因对公民权益的一种特殊牺牲，被拆迁人既有房屋已被拆除，在完成交付调换房屋前，被拆迁人不仅面临较大的经济风险，还有在此期间搬迁、临时居住等现实困难，应给予被拆迁人完善的补偿，否则即违背物权应受平等保护的原则。但从立法目的来看，被拆迁人服从公益的行为应予倡导和保护，我们仍应保护处于弱势地位的被拆迁人的合法权益。

二是被拆迁人补偿安置权即便理解为特殊债权，也应予优先保护。虽然物权优于债权是处理权利冲突时的基本原则，但被拆迁人基于以房换房的产权调换房屋享有的这种特殊债权，是以牺牲原房屋居住权作为代价的，应对该种特殊债权赋予其物权的优先效力。根据《中华人民共和国民法典》第二百四十三条第三款规定可知，拆迁安置户的权利在某种程度上是被拆除房屋物权的延伸，具有准自物权的性质，从法理上来讲，是应当优于其他买受人的合同债权的。

在司法实践中，被拆迁人补偿安置权优先处理一般要符合以下条件，一是被拆迁人与房屋征收部门签订了合法有效的征收补偿协议；二是被拆迁人将原有房屋以产权置换补偿的形式取得案涉房屋；三是拆迁补偿协议明确约定了安置用房的位置及房号，已经特定化。需要说明的一点是，案外人是否实际占有、是否支付房屋面积差价、是否对未办理过户登记存在过错，均不影响被拆迁人安置权优先于其他权利的认定。从本案具体情况看，庞某某与某房地产公司签订的案涉《拆迁安置协议书》和《产权调换安置协议书》中不仅明确了涉案房屋是以产权置换方式的补偿取得的，还对安置房产面积、安置用房的位置、用途等作出明确、具体约定，后续双方虽通过《商品房订购协议书》对案涉房屋的位置及房号作出调整，但由于拆迁人与被拆迁人签订拆迁安置补偿协议时被用于产权调换的房屋尚未建成，双方后续签订《商品房订购协议书》对上述两个合同的详细补充，并不改变产权置换型拆迁补偿协议合同性质，而是双方根据实际建成房屋的具体情况进行合理范围内的调整，案涉房屋仍是拆迁补偿安置房产，亦未转换为商品房性质。在此情形下，合同标的已具有特定性。案涉房屋特定化之后，庞某某即享有优先取得安置房的权利，当权利发生冲突时，足以排除强制执行。

编写人：河南省驻马店市中级人民法院　王雪颖

9

被执行人配偶请求排除执行共有房产的执行异议问题

——胡某某执行异议案

【案件基本信息】

1. 裁判书字号

北京市丰台区人民法院（2024）京 0106 民初 13656 号民事判决书

2. 案由：执行异议

3. 当事人

申请人（异议人）：胡某某

被申请人：赵某某

被执行人：冯某甲、冯某乙

【基本案情】

赵某某与冯某乙系朋友关系，冯某甲与冯某乙系亲属关系。2017年6月27日，冯某甲与冯某乙因资金周转需要，向赵某某借款人民币500000元，并出具借条一张，借款由冯某甲位于×号楼×单元×室的房产（以下简称涉案房屋）作为抵押登记。借款到期后，冯某甲与冯某乙未偿还，赵某某向北京市丰台区人民法院提起诉讼要求冯某甲与冯某乙偿还借款本金。

审理过程中，经调解，双方当事人自愿达成如下协议：(1) 冯某甲、冯某乙于2021年9月1日前向赵某某偿还借款本金500000元；(2) 冯某甲、冯某乙于2022年9月1日向赵某某偿还利息（以尚欠借款本金为基数，按照年利率15%为标准，自2020年2月27日计算至实际还款日的利息，利随本清）；(3) 案件受理费4400元，由赵某某负担；(4) 本协议履行完毕后，双方就本案再无其他争议。丰台法院出具（2020）京0106民初23869号民事调解书确认上述内容。

因冯某甲与冯某乙未履行还款义务，2022年8月16日，赵某某向丰台法院申请执行，丰台法院依法予以受理。2022年8月25日，丰台法院轮候查封涉案房屋，查封期限为三年，自2022年8月25日至2025年8月24日。执行中，双方当事人达成和解。2022年9月1日，丰台法院作出（2022）京0106执9424号之二执行裁定书裁定终结（2020）京0106民初23869号民事调解书的执行。

2024年1月22日，丰台法院对（2020）京0106民初23869号民事调解书恢复执行，执行案号为（2024）京0106执恢169号。

另查，涉案房屋登记在冯某甲名下，登记时间为2009年7月15日。涉案房屋上设有两笔抵押权，第一笔抵押权人为赵某某，被担保主债权数额为50万元，债务人为冯某甲。第二笔抵押权人为赵某某，被担保主债权数额为50万元，债务人为冯某甲、冯某乙。

在恢复执行过程中，案外人胡某某系冯某甲的配偶，就丰台法院执行涉案房屋提出执行异议，请求终止对（2020）京0106民初23869号民事调解书的强制执行，并解除对涉案房屋的查封。丰台法院受理后，依法组成合议庭进行审查，作出（2024）京0106执异426号执行裁定书，裁定驳回胡某某的案外人异议请求。

胡某某向北京市丰台区人民法院提起案外人异议之诉，北京市丰台区人民法院适用普通程序独任制开庭审理。案件审理中，胡某某提交了购买直管公有住宅楼房职工工龄调查表、购买公有住房申请等证据，证明购买涉案房屋使用了冯某甲和胡某某二人的工龄。最终，北京市丰台区人民法院作出（2024）京0106民初13656号民事判决书，确认胡某某对涉案房屋享有50%的产权份额，涉案房屋拍卖所得价款中的50%归胡某某所有。（2024）京0106执异426号执行裁定书于该判决生效时自动失效。

【案件焦点】

在审理胡某某案外人执行异议过程中，胡某某提出的解除对涉案房屋的查封的请求是否应得到支持。

【法院裁判要旨】

在审理胡某某案外人执行异议过程中，北京市丰台区人民法院经审理认为：第一，依据《最高人民法院关于人民法院办理执行异议和复议案件若干问题的规定》第二十七条规定，申请执行人对执行标的依法享有对抗案外人的担保物权等优先受偿权，人民法院对案外人提出的排除执行异议不予支持，但法律、司法解释另有规定的除外。根据该规定，法律、司法解释另有规定的情形，主要是指案外人作为买受人，对登记在被执行的房地产开发企业名下的商品房提出异议并足以排除执行，或者案外人享有建设工程价款优先受偿权等情形。本案中，申请执行人赵某某对涉案房屋享有抵押权，应属合法有效。案外人胡某某主张涉案房屋属于其与配偶冯某甲所有，要求排除执行。但胡某某对涉案房屋主张的权利，并不属于法律、司法解释规定的足以对抗申请执行人对案涉房屋享有的担保物权的特殊情形，因此，胡某某对涉案房屋享有的权利，不足以对抗赵某某对案涉房屋依法享有的担保物权，亦无法阻却本院对案涉房屋的执行。

第二，依据《最高人民法院关于人民法院办理执行异议和复议案件若干问题的规定》第二十五条第一款第一项之规定，对案外人的异议，人民法院应当按照下列标准判断其是否系权利人：已登记的不动产，按照不动产登记簿判断；未登记的建筑物、构筑物及其附属设施，按照土地使用权登记簿、建设工程规划许可、施工许可等相关证据判断……依据该规定，案外人对已登记的不动产提出异议的，人民法院应当按照不动产登记簿判断其是否系权利人。本案中，案涉房屋登记在冯某甲名下，冯某甲未履行生效法律文书确定的义务，本院据此对案涉房屋采取执行措施。胡某某主张案涉房屋系其与冯某甲婚姻存续期间取得，属于夫妻共同财产，但胡某某并未办理所有权人变更登记手续。如胡某某认为涉案房屋系其与冯某甲的共有财产，可以通过执行异议之诉或者另行提起析产诉讼的方式加以主张，但是无法对抗本院的执行。

另，胡某某关于涉案房屋系其与冯某甲唯一住房的主张，可以向执行实施法官依法提出，但不属于案外人异议的审查范围。

北京市丰台区人民法院依照《中华人民共和国民事诉讼法》第一百五十七条第一款第十一项、第二百三十八条，《最高人民法院关于适用〈中华人民共和国民事诉讼法〉执行程序若干问题的解释》第十四条，《最高人民法院关于人民法院办理执行异议和复议案件若干问题的规定》第二十五条第一款第一项、第二十七条之规定，裁定如下：

驳回案外人胡某某的异议请求。

在审理胡某某案外人异议之诉过程中，北京市丰台区人民法院经审理认为：涉案房屋虽登记在冯某甲个人名下，但系胡某某与冯某甲夫妻关系存续期间购买，胡某某对于房屋为夫妻共同财产且要求确认享有该房屋50%的产权份额，冯某甲对此表示认可，上述主张不违反法律规定，本院不持异议。赵某飞未举证证明案涉借款系用于冯某甲与胡某某的夫妻共同生活或共同生产经营，结合双方当事人的陈述及冯某甲、胡某某的个人生活情况，本院认定该笔债务应系冯某甲的个人债务，胡某某对该笔债务无需承担共同清偿责任。现胡某某主张不得对涉案房屋拍卖所得的 50%价款予以执行，具有事实和法律依据，本院予以支持。

北京市丰台区人民法院依照《中华人民共和国民法典》第五条、第一千零六十二条、第一千零六十四条之规定，判决如下：

一、胡某某对涉案房屋享有 50%的产权份额；

二、涉案房屋拍卖所得价款中的 50%归胡某某所有，不得对该部分价款予以执行。

【法官后语】

出于繁简分流的考量，我国确定了异议审查以形式性审查为主、实质性审查为辅的审查原则，在该原则指引下，执行异议一般侧重于公示外观主义的审查。在被执行人配偶请求排除执行共有房产的执行异议审理中，为保证效率性，法官更多是对争议权属性质的外观予以审查。

首先，虽然《中华人民共和国民法典》婚姻家庭编及相关司法解释的有关规定对夫妻财产的个人所有、共同共有等情况作了规定，但其旨在调整婚姻和家庭内部财产关系，不能引入民事交易关系而成为限制性准则。本案中，抵押人冯某甲以登记在其个人名下的房产对外设立抵押权显然系涉及婚姻、家庭以外的第三人的不动产民事交易关系，因此而产生的纠纷应当适用物权方面等调整一般主体之间财产关系的相关法律规定。双方当事人就涉案房屋进行了抵押登记，该登记具有公示公信效力，不动产登记簿是物权归属和内容的根据，当不动产登记簿明确记载房屋所有权人仅为抵押人一人，共有情况处也无其配偶等其他人的记载时，不能通过执行异议程序简单依据民法典第一千零六十二条规定以夫妻存续期间购置房产系共同财产来对抗不动产登记簿的物权效力。

其次，婚后购置的财产也并不必然为夫妻共同财产，可能存在各自所有、共同所有或部分共同所有、部分各自所有等不同形式，难以为第三人所知晓，亦难以通过侧重效率的执行异议程序予以审查，只能根据不动产登记认定房产权属状况。当抵押人在婚姻关系存续期间，仍将案涉房屋仅登记在其个人名下，抵押权人作为其婚姻家庭关系之外的第三人，有理由相信这是基于其夫妻二人对婚姻存续期间购置的房产作出归属于一方的约定。如以抵押房产为夫妻关系存续期间购置为由否定不动产登记效力，则无异于要求民事主体在交易时核实对方的婚姻状况及婚后财产约定情况，实质否定物权公示原则，妨碍交易效率及交易安全。

最后，权利人有权处分自己的权利，且对维护自己的权利有较低的成本，当然也自行承担放任权利的后果责任。作为夫妻共同财产管理的一项重要工作，夫妻双方应当在重大不动产登记簿上明确要求列明共有人，而且根据《不动产登记暂行条例实施细则》第七十九条规定，当不动产登记情况与实际情况不符时，实际权利人可以请求登记机关更正登记。抵押人配偶若对案涉房屋享有共有权利，却从未就案涉不动产登记簿明确记载房屋所有权人仅为抵押人一人的登记情况向登记机关申请更正，属于对自己权利的放任，即应当自行承担放任权利后所产生的风险。

综上所述，在夫妻一方与他人的财产所有权、担保物权纠纷中，登记机关登记簿上对于相关财产权利的记载是案件关注的“关键点”。当抵押权已经依法设立并生效的情况下，抵押人的配偶不能仅以婚姻财产分配的一般原则通过以形式审查为主的执行异议程序主张抵押物为夫妻共同财产来排除执行，可以在法院驳回其执行异议后提起案外人异议之诉，由法院在案外人异议之诉中对共有房产的主张进行实质审理，从而确认其对共有房产享有的份额。

另外，针对不动产、车辆等难以分割处置的共有物，不能因案外人享有一定份额即阻止法院对被执行人名下财产进行处置变价。因此，即便案外人异议之诉认定案涉财产为夫妻共同财产，共有人仅得在其份额内，对共有物享有所有权，不得整体排除对共有物的执行。

编写人：北京市丰台区人民法院　刘欣雨

二、对动产的执行

10

挂靠车辆实际所有权人能够排除强制执行

——浦某某执行异议案

【案件基本信息】

1. 裁判书字号

云南省曲靖市麒麟区人民法院（2023）云0302执异167号执行裁定书

2. 案由：执行异议

3. 当事人

异议人：浦某某

申请执行人：朱某

被申请执行人：某汽车租赁公司

【基本案情】

朱某申请执行某汽车租赁公司劳务合同纠纷一案，云南省曲靖市麒麟区人民法院以（2023）云0302执2401号案件立案执行。执行过程中，云南省曲靖市公安局交通警察支队车辆管理所协助查封了被执行人某汽车租赁公司所有的包括案涉丰田牌轿车等多辆车辆。异议人浦某某称案涉车辆系其出资购买，车辆挂靠某汽车租赁公司是为了经营便利，其为挂靠车辆所有权人，法院以车辆登记在某汽车租赁公司名下，就认定车辆属于某汽车租赁公司进行查封显然不妥，请求中止对案涉车辆的查封。

法院查明，云南省曲靖市公安局交通警察支队车辆登记信息载明，案涉车辆所有人为某汽车租赁公司。2018 年 7 月 24 日，浦某某向某汽车租赁公司支付了保证金 5000 元、汽车首付款 97800 元。2018 年 8 月 6 日，浦某某与某汽车金融有限公司签订汽车贷款合同，贷款 38100 元，每期还款 1281.91 元。银行流水载明浦某某每月 7 日向某汽车金融有限公司支出 1281.91 元。2022 年 7 月 27 日，浦某某向某汽车租赁公司工作人员微信转付购买保险款 4317.22 元，某汽车租赁公司于 2022 年 7 月 28 日为案涉车辆购买了交强险和综合商业险。

【案件焦点】

异议人浦某某对案涉车辆是否享有排除强制执行的民事权益。

【法院裁判要旨】

云南省曲靖市麒麟区人民法院经审理认为：首先，《最高人民法院关于人民法院民事执行中查封、扣押、冻结财产的规定》第二条第一款规定："人民法院可以查封、扣押、冻结被执行人占有的动产、登记在被执行人名下的不动产、特定动产及其他财产权。"《最高人民法院关于人民法院办理执行异议和复议案件若干问题的规定》第二十五条第一款第二项规定："对案外人的异议，人民法院应当按照下列标准判断其是否系权利人：已登记的机动车、船舶、航空器等特定动产，按照相关管理部门的登记判断；未登记的特定动产和其他动产，按照实际占有情况判断。"根据上述规定，人民法院可以查封登记在被执行人名下的机动车辆，已登记的机动车的权属应当按照车辆管理部门的登记判断。本案中，轿车被登记在被执行人某汽车租赁公司名下，即车辆登记机关登记的案涉车辆权利人为被执行人某汽车租赁公司，本院根据上述法律规定对案涉车辆进行查封，并无不当。

其次，挂靠经营通常是指个人或个人合伙为运输经营的便利，将所购车辆登记在具有运输经营资质的企业名下，并以该企业名义进行客、货运输等经营活动。挂靠经营方式的特殊性会产生挂靠经营车辆登记的所有权人与实际出资人不相符的情形出现。《中华人民共和国民法典》第二百二十四条规定:“动产物权的设立和转让,自交付时发生效力,但是法律另有规定的除外。”第二百二十五条规定:“船舶、航空器和机动车等的物权的设立、变更、转让和消灭,未经登记,不得对抗善意第三人。”《最高人民法院关于执行案件中车辆登记单位与实际出资购买人不一致应如何处理问题的复函》认为,若能证明车辆实际购买人与登记名义人不一致,对机动车不应确定登记名义人为车主,应依据公平、等价有偿原则,确定归实际购买人所有。根据上述法律规定和答复意见,机动车虽为特殊动产,但其物权变动的基本规则并无不同,仍以交付作为变动、生效要件,对车辆挂靠经营活动中,挂靠车辆实际权利人的认定,应当依据法律规定查明车辆实际所有权人,并根据情况区分处理。本案中,异议人浦某某提交的收据、贷款合同、银行流水等出资购车材料和车辆挂靠协议、车辆租赁服务合作协议及购买保险和处理违章材料能够形成完整的证据链条,足以证明浦某某出资购买案涉车辆后挂靠登记在被执行人某汽车租赁公司名下独立经营、购买保险和处理违章,确系案涉车辆的实际所有权人,该权利真实、合法,能够排除执行。

云南省曲靖市麒麟区人民法院裁定如下:中止对登记在被执行人某汽车租赁公司名下汽车的执行。

【法官后语】

根据《中华人民共和国道路运输条例》的规定,从事道路客运或货运的,必须取得运输经营许可后,方能进行道路客运或货运经营活动,但车辆挂靠经营行为在实践中普遍存在,即个人或个人合伙为运输经营的便利,将所购车辆登记在具有运输经营资质的企业名下,并以该企业名义进行客、货运输等经营活动,因此常常会出现挂靠经营车辆登记的所有权人与实际出资人不相符的情形,由此引发了大量纠纷。

挂靠车辆被人民法院采取强制执行措施,案外人主张其为车辆实际购买人提出排除强制执行异议的,人民法院应当依据法律规定查明车辆实际所有权人,并对异议人对案涉车辆是否享有足以排除强制执行的民事权益进行审查。《中华人民共和国民法典》第二百二十四条规定："动产物权的设立和转让，自交付时发生效力，但是法律另有规定的除外。"第二百二十五条规定："船舶、航空器和机动车等的物权的设立、变更、转让和消灭，未经登记，不得对抗善意第三人。"依据上述规定，机动车作为一种特殊动产，其物权的设立和转让亦遵循动产的交付原则。公安机关办理的机动车登记，是准予或者不准予上道路行驶的登记，作为管理机关管理的依据和标准，仅具有公示及对抗善意第三人的效力，而不是所有权登记，不作为物权变动的生效要件。同时，《最高人民法院关于执行案件中车辆登记单位与实际出资购买人不一致应如何处理问题的复函》认为，若能证明车辆实际购买人与登记名义人不一致，对机动车不应确定登记名义人为车主，应依据公平、等价有偿原则，确定归实际购买人所有。根据上述法律规定和答复意见，机动车虽为特殊动产，但其物权变动的基本规则并无不同，仍以交付作为变动、生效要件。对车辆挂靠经营活动中挂靠车辆实际权利人的认定，应当依据法律规定查明车辆实际所有权人，并根据情况区分处理。具体到个案，法院可基于车辆挂靠合同、交易记录等证据材料，结合车辆实际占用情况等相关事实，综合认定车辆的所有权归属。

实践中，车辆实际所有权人往往是为了规避《中华人民共和国道路运输条例》等相关行政法规的规定，将车辆登记在具有相关资质的企业或个人名下，以挂靠形式进行运输经营活动，实质上是使国家通过运输经营许可证的形式加强道路交通安全管理的目的落空的违法行为。但行政法规侧重于社会管理，行政登记不能直接等同于确权，即机动车登记不代表其所有权的真实归属，对物权归属的认定仍应遵循《中华人民共和国民法典》的相关规定。尽管如此，机动车登记仍具有公示及对抗善意第三人的效力，执行程序中，人民法院可以据此对登记在被执行人名下的车辆依法采取强制执行措施，实际购买人主张其对车辆享有所有权的，必须提出充分的证据，由人民法院依法审查认定。因此，进行运输经营活动应依法取得相关资质并按照真实的车主信息进行车辆登记，借用他人资质进行车辆登记不仅会给车辆实际购买人的合法权益保障埋下隐患，对于被挂靠企业而言，也需要因挂靠经营者的相关行为承担相应的风险。

编写人：云南省曲靖市麒麟区人民法院　李坤

11

以租代购的车辆使用人排除强制执行的认定

——谢某诉李某案外人执行异议之诉案

【案件基本信息】

1. 裁判书字号

四川天府新区人民法院（2023）川0192民初3459号民事判决书

2. 案由：案外人执行异议之诉

3. 当事人

原告：谢某

被告：李某

【基本案情】

2018年11月，案外人谢某用以租代购方式向第三人某汽车销售公司承租了案涉车辆，从事网约车服务，双方约定租约到期后进行车辆过户。谢某于2021年10月还清最后一期款，因某汽车销售公司名下车辆被查封，致使谢某未能办理过户手续。被告李某系另案原告，因某汽车销售公司未履行李某与其之间的付款义务，李某向法院申请执行，法院于2022年12月依法查封了登记在某汽车销售公司名下的案涉车辆，查封期限为两年。执行过程中，谢某以案外人身份向法院提出书面异议，请求中止对案涉车辆的执行，法院驳回后谢某遂提起本案诉讼。

【案件焦点】

谢某对案涉车辆是否享有足以排除强制执行的民事权益。

【法院裁判要旨】

四川天府新区人民法院经审理认为：根据《最高人民法院关于人民法院办理执行异议和复议案件若干问题的规定》第二十四条规定："对案外人提出的排除执行异议，人民法院应当审查下列内容：（一）案外人是否系权利人；（二）该权利的合法性与真实性；（三）该权利能否排除执行。"本案中，谢某主张对案涉车辆享有所有权，据此提出排除执行，故谢某应当举证证明其系案涉车辆的权利人，且该权利能排除强制执行。根据《中华人民共和国民法典》第二百二十四条之规定，动产物权的设立和转让，自交付时发生效力，但是法律另有规定的除外。就本案来讲，机动车作为特殊动产，其物权变动的效力应满足建立合法有效的买卖合同关系、买受人已支付合理对价、买受人已实际占有标的物等条件。（1）根据已查明的案件事实，虽然双方签订合同的名称为《汽车租赁合同》，但根据双方签约的合同目的、合同条款及履行情况，可以认定双方实际建立的系以转移机动车所有权为目的的分期付款买卖合同关系。（2）谢某已经支付114908.25元（约35期租金），虽然其未能提交《结清证明》的原件，但庭后经法院联系某汽车销售公司，其认可谢某已付清租金并实际出具《结清证明》，结合谢某关于前期已支付相应款项的陈述，可以认定谢某已按照合同约定支付完毕全部价款。（3）自2018年某汽车销售公司交付案涉车辆后，谢某一直占有使用该车辆。根据合同约定，在谢某已支付全部款项后，某汽车销售公司即负有向谢某转让车辆的义务。某汽车销售公司于2021年11月15日出具的《结清证明》载明"车辆现归属谢某"，可以认定其已作出转让的意思表示。动产物权转让前，权利人已经占有该动产的，物权自民事法律行为生效时发生效力，此时谢某已受让占有案涉车辆。综上，谢某已实际取得案涉车辆的所有权，且该权利形成于法院查封前，可以排除本案执行，故对其要求立即停止对车牌号为×××的车辆的强制执行和确认车牌号为×××的车辆的所有权人为原告的诉讼请求，本院予以支持。判决如下：

一、不得执行车牌号为×××的车辆；

二、确认车牌号为×××的车辆归原告谢某所有；

三、驳回原告谢某的其他诉讼请求。

判决后，双方当事人均未上诉，该判决现已生效。

【法官后语】

随着网约车服务盛行，用以租代购为形式的机动车交易活动日渐增多，同时，因融资租赁汽车公司名下机动车执行问题产生的执行异议也随之增加。通常按照机动车“登记对抗主义”观点，机动车作为特殊动产，自交付时产生物权变动的效力，同时未经登记不可以对抗善意第三人。实践中，一般债权的申请执行人不属于“善意第三人”，买受人可以其物权对抗一般债权人并排除强制执行。因此，车辆所有人可以通过物权排除强制执行。然而，在以租代购合同关系中，机动车的交付一般在合同签订当日，机动车的交付系基于租赁合同关系，其物权变动的条件在合同中有明确约定，应当受合同条款约束。因此在审判实践中，对于此类车辆占有使用人的民事权益是否能排除强制执行的认定存在一定难度。

为统一裁判尺度，保障裁判正确，本案在庭审后向上级法院进行提问。上级法院根据答复称，判断案外人对动产是否享有足以排除执行的民事权益，应重点审查动产交易关系是否真实、交易时间是否发生在法院查封之前、是否支付合理对价、是否实际占有使用等综合予以评判。本案在上级法院答疑指导下参考该裁判思路对争议焦点进行评析。

一是交易关系的真实性。虽然双方签订合同的名称为《汽车租赁合同》，但根据双方签约的合同目的、合同条款及履行情况，可以认定双方实际建立的系以转移机动车所有权为目的的分期付款买卖合同关系，且合同履行时间长达三年，足以证明交易真实性。

二是交易时间是否发生在法院查封前。根据合同约定，谢某签订合同之日起开始承租案涉车辆，在谢某已支付全部款项后，某汽车销售公司即负有向谢某转让车辆的义务，该公司于2021年11月15日出具的《结清证明》载明

“车辆现归属谢某”，可以认定双方就车辆转让达成一致意思表示，而法院查封时间为2022年12月，显然晚于交易行为。

三是交易对价的合理性。在本案中，虽然谢某支付的租金与合同约定并非完全一致，但考虑履约期间的经济社会情况、双方微信记录、转账金额以及第三人某汽车销售公司出具的《结清证明》和该公司法定代表人的口头确认，谢某在三年期间陆续支付租金合计114908.25元，与应付租金差额较小，可以认定谢某已按照合同约定支付完毕全部价款。

四是实际占有使用情况。在本案中，由于案涉机动车自合同签订之日起即交由谢某承租使用，截至庭审终结辩论前，谢某一直处于占有案涉车辆。

编写人：四川天府新区人民法院　张雨晴

四川省成都市温江区人民法院　黄青青

三、对金钱和账户的执行

12

调解协议中未约定的义务致瑕疵履行是否构成违约

——钢结构公司执行异议案

【案件基本信息】

1. 裁判书字号

广西壮族自治区高级人民法院（2022）桂执监81号执行裁定书

2. 案由：执行异议

3. 当事人

被执行人（异议人、申诉人）：钢结构公司

申请执行人（复议申请人）：周某某、韦某某、何某某

【基本案情】

申请执行人周某某、韦某某、何某某三人与被执行人钢结构公司加工合同纠纷一案，柳州市柳江区人民法院于2021年12月27日作出（2021）桂0206民初377号民事调解书，双方当事人自愿达成协议：（1）被告（反诉原告）钢结构公司返还给原告（反诉被告）周某某等三人钢材款1737822元，定于2022年1月30日前支付900000元，余款837822元于2022年2月28日前付清，周某某等三人均同意上述款项统一支付至周某某在某银行柳江支行指定的银行账

户；(2) 若被告（反诉原告）钢结构公司未按上述第一项约定的期限付款，则须另行支付给原告（反诉被告）周某某等三人违约金 500000 元等。2021 年 12 月 28 日，钢结构公司向指定账户支付 900000 元，并要求周某某等三人开具钢材销售发票，但周某某等三人未予开具。钢结构公司按照规定税率 1737822 元÷（1+13%）×13%扣留出应缴税款 199926.42 元后，于 2022 年 2 月 28 日将余款 637895.58 元及本诉案件受理费、本诉保全费 15220 元支付至指定账户。经本院承办法官向某公司进行释明后，钢结构公司于 2022 年 3 月 25 日将扣留的税款 199926.42 元支付至指定账户。2022 年 5 月 18 日，周某某等三人以某公司逾期付款为由向本院申请强制执行，要求某公司支付违约金 50 万元。本院于同日立案，案号为：(2022) 桂 0206 执 1678 号，并于次日向某公司发出《执行通知书》《报告财产令》。钢结构公司遂提出书面异议，请求不予执行（2022）桂 0206 执 1678 号执行案件，并解除相应的执行措施。理由如下：(1) 钢结构公司已履行完毕民事调解书确定的全部义务，反而周某某等三人拒绝开具发票违反法定义务；(2) 钢结构公司暂扣税款是基于对方拒绝开具发票而行使不安抗辩权，不存在违约故意，若因此支持支付违约金，有助于增长偷税漏税行为。

【案件焦点】

1. 对于被执行人（异议人、申诉人）钢结构公司所提执行异议是否应当立案审查；2. 本案申请执行人（复议申请人）周某某等三人要求被执行人支付 50 万元违约金的条件是否成就。

【法院裁判要旨】

广西壮族自治区柳州市柳江区人民法院经审理认为：(1) 应当从被执行人所提书面异议对调解协议的履行情况进行立案审查；(2) 法律规定收款方应向付款方开具发票。本案中被执行人提前一个月支付第一笔款项 900000 元，可见被执行人愿意积极主动筹款履行付款义务，在支付第二笔款项时扣留与开具发票应交税款 199926.42 元，证明被执行人扣留该款系向申请执行人索要发票未果而采取的自力救济，并非无故拖延。由于申请执行人拒开发票行为，应当赋予被执行人相应限度的不安抗辩权，被执行人不存在违约的故意，不应承担违约责任，故申请执行人要求被执行人支付50万元违约金条件未成就。于2022年7月27日作出（2022）桂0206执异9号执行裁定，裁定驳回周某某、韦某某、何某某的强制执行申请。周某某等三人不服柳江法院驳回异议裁定，向柳州中院申请复议。

广西壮族自治区柳州市中级人民法院经审理认为：本案调解书确定的权利义务有两项：第一项是按期支付1737822元；第二项是若未按期付款，另行支付违约金500000元。现被执行人有部分款项逾期履行，柳江法院立案执行合法有据。至于调解书未约定关于申请执行人是否应向被执行人开具含税发票或税款负担系案涉诉讼之外的实体权利义务争议，不属于执行异议审查范围，不应在本案审查。于2022年11月23日作出（2022）桂02执复59号执行裁定，裁定如下：

一、撤销广西壮族自治区柳州市柳江区人民法院（2022）桂0206执异9号执行裁定；

二、驳回钢结构公司的异议请求。

钢结构公司不服，提起申诉。

广西壮族自治区高级人民法院经审理认为：涉案钢材款在性质上相当于买卖，故钢结构公司要求周某某等三人开具发票具有一定合理性，双方因就调解书未约定关于开具发票问题产生不同认识，双方均不存在违约的故意和恶意，钢结构公司在法院释明后立即支付扣留的税款，客观上存在履行瑕疵，若因此支付50万元巨额违约金确有不当。于2023年8月18日作出（2022）桂执监81号执行裁定，裁定如下：

一、撤销广西壮族自治区柳州市中级人民法院（2022）桂02执复59号执行裁定；

二、维持广西壮族自治区柳州市柳江区人民法院（2022）桂0206执异9号执行裁定。

【法官后语】

瑕疵履行构成要件由以下三个要素组成：第一，是指义务人履行了义务；第二，履行义务不完全符合合同约定；第三，义务人的瑕疵履行不足以构成根本违约。具体表现形式为：包括交付的产品或提供的服务不符合质量要求（但不足以构成根本违约），或者产品在规格、包装方面不符合相关标准，或者产品不具有应当具备的使用性能等，造成履行本身价值或者效用的减少，使债权人不能获得正确履行所获得的利益，使债权人不能完全实现订立合同的目的。

本案中，首先，被执行人钢结构公司积极履行了调解书主要义务。按调解书约定提前一个月支付了第一笔款项900000元；在支付第二笔款项时扣留与开具发票应交税款199926.42元，证明被执行人扣留该款系向申请执行人索要发票未果而采取的自力救济，并非无故拖延。经法官释法明理后，在延迟不到一个月的时间支付了该扣留款。从整个履行过程来看，申请执行人的瑕疵履行行为已及时修正，调解书目的已全部实现，被执行人的瑕疵履行行为尚未构成根本违约。

其次，民事活动应遵循公平、诚信原则，防止当事人之间权利义务的严重失衡。本案被执行人在履行调解书过程中，虽存在迟延履行行为，申请执行人亦未在迟延履行期间表示异议，且被执行人某公司有获取发票的法定权利，调解协议未对是否应开具发票约定并不当然能否定某公司的不安抗辩权的存在。根据《中华人民共和国发票管理办法》第十八条规定，销售商品、提供服务以及从事其他经营活动的单位和个人，对外发生经营业务收取款项，收款方应当向付款方开具发票；特殊情况下，由付款方向收款方开具发票。由于申请执行人拒开发票行为，应当赋予被执行人相应限度的不安抗辩权，被执行人不存在违约的故意，若因此支付50万元巨额违约金确有失公平。法院根据公平原则和诚信原则在本案中平衡适用，驳回申请执行人的执行请求，符合法律规定。

最后，根据《中华人民共和国民法典》第二百二十五条规定：“当事人、利害关系人认为执行行为违反法律规定的，可以向负责执行的人民法院提出书面异议。当事人、利害关系人提出书面异议的，人民法院应当自收到书面异议之日起十五日内审查，理由成立的，裁定撤销或者改正；理由不成立的，裁定驳回。当事人、利害关系人对裁定不服的，可以自裁定送达之日起十日内向上一级人民法院申请复议。”执行异议审查在司法实践中以形式审查为主，实质审查为辅，过于追求以审判程序维护实体权利的价值，而忽略了执行异议可进行实质审查的意义，将执行异议审查过于走向形式化。本案中，对于采取不同的审查形式导致得出不同结果，该案涉及调解协议执行问题，对于调解协议未明确约定的附随义务的履行问题是否导致违约，法院在执行异议审查中具有一定的审查权，合理适用公平与诚信原则，权衡当事人的权利义务，最终实现了效率价值、法律价值、社会价值相统一，对今后把握执行尺度具有一定的参考价值。

编写人：广西壮族自治区柳州市柳江区人民法院　覃斌　黎玉

13

法院对继承债务人的财产性质认定及执行

——陈某某执行异议案

【案件基本信息】

1. 裁判书字号

广西壮族自治区钦州市灵山县人民法院（2023）桂0721执异19号执行裁定书

2. 案由：执行异议

3. 当事人

申请执行人：陈某某

被执行人（异议人）：李某某

【基本案情】

2020 年 9 月 20 日，李某某的妻子莫某某因生意资金周转需要向陈某某借款 18000 元，双方签订《借条》并载明：借款人于 2020 年 9 月向出借人借到人民币 18000 元整（大写为壹万捌仟元整），定于 2020 年 11 月 25 日归还现金人民币 18000 元。借款人莫某某在《借条》签字确认后交由陈某某收执。李某某与莫某某于 2021 年 9 月 29 日在高州市民政局婚姻登记处登记结婚。莫某某因意外于 2021 年 11 月 11 日死亡。2022 年 10 月 25 日，原告陈某某诉被告李某某民间借贷纠纷一案，陈某某自愿放弃除李某某外主张其他莫某某遗产继承人承担本案债务责任的权利。2022 年 12 月 26 日，灵山县人民法院作出（2022）桂 0721 民初 3905 号民事判决书，判决李某某在继承莫某某遗产的价值范围内偿还陈某某借款本金 18000 元及利息。

2023 年 4 月 3 日，陈某某以李某某拒不履行生效判决向灵山县人民法院申请强制执行，法院依法对李某某的银行、微信、支付宝等账户进行冻结并划扣了其银行存款 20150. 8 元。

2023 年 5 月 19 日，李某某对法院作出的（2023）桂 0721 执 830 号案件采取的冻结账户、划扣资金的执行行为不服，向法院提出了书面异议，后经法院审查作出了（2023）桂 0721 执异 19 号执行裁定书。裁定返还从李某某银行账户中划扣的资金并解除对其名下银行、微信、支付宝账户的冻结。

【案件焦点】

李某某请求法院返还划扣的资金并解除对银行、微信、支付宝账户的冻结是否得到支持。

【法院裁判要旨】

广西壮族自治区灵山县人民法院经审理认为：本案系执行行为异议。继承权的实现，是指继承人依法取得继承权后，根据法定继承或遗嘱继承等方式实际取得遗产的法律后果。《中华人民共和国民法典》第一千一百六十一条规定："继承人以所得遗产实际价值为限清偿被继承人依法应当缴纳的税款和债务。

超过遗产实际价值部分，继承人自愿偿还的不在此限。继承人放弃继承的，对被继承人依法应当缴纳的税款和债务可以不负清偿责任。”本案的执行依据载明的是李某某在继承莫某某遗产的价值范围内偿还陈某某借款本金及相应利息，据此，李某某履行生效判决确定义务的前提是已继承了莫某某的遗产，但从本案证据来看，现暂无证据表明本院冻结、划扣的款项系李某某继承莫某某的遗产所得，且李某某也没有表示自愿在继承遗产范围外承担还款责任。在没有证据证明李某某继承了遗产的情形下推定其继承了遗产，从而冻结其银行、微信、支付账户并划扣其银行账户资金，依据不足。至于李某某提出的中止本院（2022）桂 0721 民初 3905 号民事判决的执行问题，本院认为，本案应是在依法查清李某某是否继承遗产的情况下，再决定采取何种执行措施进行执行，而不是直接中止生效判决的执行。此外，李某某还申请撤销本院（2023）桂 0721 执 830 号执行裁定书，本院认为，本院是通过执行查控系统直接对李某某名下的财产进行查控，不存在撤销执行裁定的基础。综上，李某某请求返还划扣的款项及解除对银行、微信、支付宝账户的冻结，理由成立，本院予以支持。

广西壮族自治区灵山县人民法院依照《中华人民共和国民事诉讼法》第二百三十二条和《最高人民法院关于人民法院办理执行异议和复议案件若干问题的规定》第十七条的规定，裁定如下：

一、返还从李某某银行账户中划扣的资金 20150. 8 元；

二、解除对李某某名下银行、微信、支付宝账户的冻结；

三、驳回李某某的其他异议请求。

【法官后语】

本案中，李某某向法院提出解冻其账户并返还资金的书面异议的理由是否成立。

执行法律关系纷繁复杂，执行中各方合法权益受到侵害的情形在所难免，而执行异议是执行救济的重要途径，有利于维护各方主体的合法权益。根据《中华人民共和国民法典》第一千一百六十一条规定：“继承人以所得遗产实际价值为限清偿被继承人依法应当缴纳的税款和债务。超过遗产实际价值部分，继承人自愿偿还的不在此限。继承人放弃继承的，对被继承人依法应当缴纳的税款和债务可以不负清偿责任。”在这里想和大家探讨的是对该条文规定的理解与适用。根据法条可以看出，我国法律采用的是无条件的“限定继承原则”，据此原则可知：第一，继承人对遗产债务承担有限责任，对遗产价值以上的税务、债务，可不予偿还，仅在自愿偿还的情况下，其才需要承担债务清偿责任。第二，对放弃继承的继承人，无需对遗产债务负责，仅需作出放弃继承的意思表示并生效即可。而对于表示接受继承的继承人则可以直接享受限定继承的利益，继承人享受限定继承利益没有任何限制。就继承债务纠纷而言，继承人在继承活动开始后可以自由选择接受或放弃继承而没有任何条件限制。比中国传统的“父债子偿”“夫债妻还”的无限继承原则更加合理、更加人性化，对继承人而言更加公平。

现实生活中，继承债务纠纷一般情况较为复杂，就司法审判而言，许多问题在法律上都不明确，如被继承人债务范围的认定、遗产实际情况的认定、各继承人应负担的清偿责任、遗产债权人债权不能受偿之救济手段，等等。那么在执行过程中，我们面对这一现象又如何处理？本案系执行行为异议，根据我国民事诉讼法第二百三十六条之规定，当事人、利害关系人认为执行行为违反法律规定的，可以向负责执行的人民法院提出书面异议……根据该条规定，当事人、利害关系人提出异议的条件是：(1) 必须以人民法院的执行行为违反法律规定或者司法解释为由提出异议；(2) 必须向负责执行的人民法院提出；(3) 必须以书面的方式提出异议。本案中，执行依据载明的是李某某在继承莫某某遗产的价值范围内偿还陈某某借款本金及利息。据此，法院对李某某款项冻结划扣的前提应当是李某某已继承了莫某某的遗产或者自愿承担继承遗产范围外的还款责任，但无证据证明法院冻结、划扣的款项系李某某继承莫某某的遗产所得或者李某某自愿承担还款责任。从而得出法院冻结并划扣李某某银行账户资金的行为依据不足。

对于遗产债权人的权益如何平衡呢？本案适用的《中华人民共和国民法典》第一千一百六十一条，是基于维护继承人的利益，增进家庭和谐和社会稳定的角度作出的规定，其立法宗旨在于保护个人权益、维护社会秩序、推动社会和谐发展的全面考虑。该条在理论上引入了无条件限制继承原则，是民法上公平原则在继承法中的具体体现。在遗产债权人利益保护问题上，必须体现平等、诚实信用、公平这三个重要原则，以体现遗产债权人利益保护在民法上的公平地位，从而平衡各方利益。

编写人：广西壮族自治区灵山县人民法院　施国凤

14

案外人对银行存款是否享有排除强制执行的权益

——吕某案外人执行异议案

【案件基本信息】

1. 裁判书字号

江苏省如东县人民法院（2022）苏0623执异47号执行裁定书

2. 案由：案外人执行异议

3. 当事人

申请执行人：徐某、吴某1

被执行人：吴某

案外人（异议人）：吕某

【基本案情】

徐某、吴某1与吴某抚养费纠纷一案，江苏省如东县人民法院作出判决。由于吴某未按照生效法律文书履行法定义务，申请执行人徐某、吴某1向如东县人民法院申请执行。在执行过程中，法院冻结了被执行人吴某在江苏如东农村商业银行股份有限公司某支行账户的存款。为此，案外人吕某提出执行异议，要求立即解除对江苏如东农村商业银行股份有限公司某支行账户存款的冻结。

吕某提出执行异议后，本院经过审查作出裁定书，裁定：中止对吴某在江苏如东农村商业银行股份有限公司某支行账户款项的执行。

【案件焦点】

异议人吕某对被执行人吴某账户中存款是否享有排除强制执行的权益。

【法院裁判要旨】

江苏省如东县人民法院经审理认为：吕某认为吴某账户中有三笔款项系其所有，根据其提供的证据及陈述，该三笔款项认定如下：第一笔，2022 年 6 月 15 日由如东县医疗保障局转入 530 元，从银行流水，该笔款项明显备注是吕某的退费，能够确认该笔款项确实系吕某所有。第二笔，2022 年 6 月 17 日转入的 1340 元，根据如东县袁庄镇民政办出具的证明，能够确认其中 900 元为吕某享受低保重病补助金额。第三笔，2022 年 6 月 28 日转入的耕保补贴 766. 8 元，从农村土地承包经营权及承包合同，相对方为吴某，吕某主张该笔款项由其享有无事实和法律依据，本院无法支持。综上，吴某账户中 1430 元（900 元+530 元）系吕某所有，其享有排除强制执行的权益，故对吕某的异议请求，本院予以部分支持。依照《中华人民共和国民事诉讼法》第二百三十四条、《最高人民法院关于人民法院办理执行异议和复议案件若干问题的规定》第十七条第三项规定，裁定如下：

中止对吴某江苏如东农村商业银行股份有限公司某支行账户中款项 1430 元的执行。

【法官后语】

银行账户信息容易获取，账户资金更容易变现。相较于其他执行标的，银行账户具有便利性。在申请法院强制执行过程中，申请执行人会优先选择银行账户资金进行强制执行。但在实际生活中存在银行账户登记人与实际所有权人不一致的情况，从而引发案外人对被冻结银行账户资金主张民事权益并申请排除强制执行的问题。本案即为案外人对被执行人银行账户存款提出的异议，关于异议能否成立从以下几方面考量：

首先，关于执行异议审查。根据《最高人民法院关于人民法院办理执行异议和复议案件若干问题的规定》第二十四条规定，对案外人提出的排除执行异议，人民法院应当审查下列内容：(1)案外人是否系权利人；(2)该权利的合法性与真实性；(3)该权利能否排除执行。根据《最高人民法院关于适用〈中华人民共和国民事诉讼法〉的解释》第三百零九条规定，案外人或者申请执行人提起执行异议之诉的，案外人应当就其对执行标的享有足以排除强制执行的民事权益承担举证证明责任。对于案外人异议，以形式审查为主，实质审查为例外。对于案外人异议中权利人审查标准，遵循物权公示主义和权利外观主义。有登记的从登记，无登记的，按照合同等能证明财产权属或者权利人的证据判断。作为提出异议的案外人应当证明其享有足以阻止执行标的转让，交付的民事权益。

其次，关于被执行账户的审查。根据《最高人民法院关于人民法院办理执行异议和复议案件若干问题的规定》第二十五条第一款第三项规定：银行存款和存管在金融机构的有价证券，按照金融机构和登记结算机构登记的账户名称判断……根据《人民币银行结算账户管理办法》，单位银行结算账户按用途分为基本存款账户、一般存款账户、专用存款账户以及临时存款账户。其中一般存款账户是存款人因借款或其他结算需要开设银行结算账户。专用存款账户是存款人因特定用途需要开立的账户，其中主要特征为资金特定化。结合本案，吴某在江苏如东农村商业银行股份有限公司某支行账户不属于存款账户，该银行账户主要用于存取现金，转账结算、消费、缴费等基本功能。根据吴某陈述及证据材料认定，吕某系吴某之母，因生活所需，吕某会通过吴某账户领取部分款项。

最后，执行款项是否特定化审查。货币是交易的一般等价物，属种类物，流通性系基本属性，适用“占有即所有”的权属认定规则。但民法“占有制度”的基本原则是：如无相反证据，任何占有推定为有权占有。换言之，如有相反证据，特定占有即不能推定为所有。货币“占有即所有”是因为货币作为种类物不可区分而具有高度替代性才设立，但高度替代性并不必然排除特定性，货币在一般情况下被视为特殊种类物，但也可能是“特定物”。结合本案中，吕某认为吴某银行账户中有三笔款项系其所有，第一笔是从如东县医疗保障局转入530元，该笔钱明显备注为吕某退款。第二笔1340元，根据如东县袁庄镇民政办出具的证明，足以认定其中900元为吕某享受低保重病补助金。第三笔耕保补贴766.8元，从农村土地承包经营权及承包合同，相对方为吴某，吕某主张该笔款项由其享有无事实和法律依据。

综上所述，根据吕某提供的证据，详细解释吴某账户中1430元（900元+530元）款项的来源及用途，足以证明款项属于吕某。该1430元（900元+530元）款项不能因为属于吴某名下而推定为其所有，故吕某享有该部分款项排除强制执行的权益。

编写人：江苏省如东县人民法院　陈庭庭　陆昊　沈培培

15

错误汇款返还请求权排除强制执行的效力认定

——甲公司诉乙公司、丙公司案外人执行异议之诉案

【案件基本信息】

1. 裁判书字号

福建省泉州市中级人民法院（2023）闽05民终6042号民事判决书

2. 案由：案外人执行异议之诉

3. 当事人

原告（上诉人）：甲公司

被告（被上诉人）：乙公司、丙公司

【基本案情】

乙公司与丙公司买卖合同纠纷一案，晋江市人民法院于 2021 年 10 月 21 日作出（2021）闽 0582 民初 13226 号民事判决书，判决丙公司应于本判决生效之日起十日内支付乙公司货款 259309.71 元，并按全国银行间同业拆借中心公布的贷款市场报价利率计自 2020 年 8 月 16 日起至实际还款之日止的逾期付款利息。丙公司不服上述判决上诉至泉州市中级人民法院，泉州市中级人民法院于 2022 年 2 月 28 日判决驳回上诉，维持原判。2022 年 5 月 11 日，乙公司向该院申请强制执行，执行案号为（2022）闽 0582 执 3613 号。晋江市人民法院于 2022 年 5 月 17 日冻结丙公司名下的中国建设银行股份有限公司尾号 3195 账户，控制限额为 263099.71 元，实际控制金额 471.7 元，控制期限为 2022 年 5 月 17 日至 2023 年 5 月 17 日。2022 年 11 月 8 日，甲公司财务人员将本意向案外人惠州市某雨具公司支付的货款 125400 元汇入丙公司账户。汇出后，甲公司财务人员将汇款截图发送给案外人公司财务核对时发现划转错了。当天 11 时 17 分及时向当地公安机关建德市公安局三都派出所报警，并联系丙公司要求将该款项返还。但该公司法定代表人告知，因公司账户已被晋江市人民法院执行查封无法返还，需要该法院将该账号解封后才能返回。甲公司因此提出执行异议申请，本院裁定驳回其异议。后甲公司又提出案外人执行异议之诉，要求停止执行查封丙公司的账号，解除对 125400 元款项的查封。

【案件焦点】

关于甲公司对讼争款项是否享有足以排除强制执行的民事权益。

【法院裁判要旨】

福建省晋江市人民法院经审理认为：货币作为一定特殊动产，同时作为不特定物，流通性系其基本属性，在银行执行了汇款人意图的情况下，即发生资金交付的效力，货币合法转入产生的民事权利由账户所有人享有，汇入被执行人账户的资金为被执行人责任财产，属于可供执行的财产。基于货币占有即所有的基本原则，即使错误汇款确属事实，对于汇款人而言，错误汇款的法律后果是其对汇入款项账户所有权人享有不当得利请求权，属于债权范畴，而非物权，该不当得利请求权并无优先于其他普通债权的效力，不能排除强制执行。综上，甲公司关于其错误汇款至丙公司被执行账户的主张对讼争款项不享有足以排除强制执行的民事权益。据此，福建省晋江市人民法院判决：

驳回甲公司本案的诉讼请求。

甲公司不服一审判决，提出上诉。

福建省泉州市中级人民法院经审理认为：甲公司于一审提供的相关证据，可以初步证实本案的诉争的款项，本拟汇给案外人，却误汇至丙公司的事实及经过，但并不足认定甲公司没有欠乙公司的货款。虽然甲公司与丙公司均有表示之间的业务往来已经结清，但鉴于丙公司处于欠款并被法院依法查封阶段，其情况说明不足以采信；仅凭甲公司主张其货款已经结清的说法，显然不足以采信；更何况丙公司于一审庭审的答辩时也前后矛盾。可见，双方之间的货款是否已经结清，不能仅凭双方的陈述予以确认。鉴于截至目前，甲公司的证据仅能证实其存在错汇的表面意思表示，并不能证明与丙公司之间已然结清货款的事实。综上，一审法院查明事实清楚，处理结果并无不当，本院依法予以维持。据此，福建省泉州市中级人民法院依照《中华人民共和国民事诉讼法》第一百七十七条第一款第一项规定，判决如下：

驳回上诉，维持原判。

【法官后语】

申请人申请强制执行是对被执行人所有的标的物权采取的一种限制性。行使该权利的前提在于被执行人所享有的物权。在错误汇款案件中，案外人对错误汇出的款项所享有的权利是物权返还请求权还是不当得利之债的债权，理论及司法实务界的观点莫衷一是。对此，现结合民事实体法和民事程序法的相关规定，从动产物权的公示、动产物权的转让以及动产物权的保护方面来具体论述。

第一，动产物权的公示方面。货币作为一种特殊的动产，适用“占有即所有”的原则规定，持有货币的人即应视其为所有权人，也就是说银行账户内资金的所有权人即为该账户户名所体现的主体。物权的公示效力，是彰显物权的体现。动产物权的设立和转让，自交付时发生效力，但为维护社会交易的安全和基本的社会行为秩序，只能以“占有”的方式对外公示。因为动产（特殊动产除外）一般不能通过类似于不动产的登记方式来彰显其权属，通过事实占有来公示，是最为简单和有效的方式，也符合传统的交易习惯。

第二，动产物权的转让方面。动产物权的设立和转让自交付时发生效力，除法律另有规定之外，指的是当事人依据合同设立和转让动产物权的一般情形。而法律有特别规定的动产物权设立和转让的公示方式，主要是指：(1) 动产物权转让的特殊形态，包括权利人在动产物权设立和转让之前已经占有该动产的；第三人在动产物权设立和转让前占有该动产的；当事人在动产物权转让后仍所有权保留的交易行为。(2) 因生效法律文书、继承、遗赠等发生的动产物权变更的情形。(3) 动产抵押权和留置权相关的特别规定。综上，货币作为动产，其物权的设立和转让也必须依法确定，在不符合法定“除外”的情形下，货币的所有权转让与其事实占有的转让是保持一致的。

第三，动产物权的保护方面。动产物权的保护方面有返还原物和损害赔偿，但是其法理基础不同，返还原物是基于物权的一项权利，是对特定物进行事实的占有；损害赔偿则是基于债权的一项权利，是对动产物权被侵害后所受损失享有的索赔权利。动产物权在发生灭失或与其他种类物混同后无法返还原物的情形下，原所有权人可以请求实际占有人承担损害赔偿的责任，而该责任的实现具体体现为支付对价或交付同等的种类物。具体到本案的错误汇款情形中，原所有权人丧失对货币的事实占有后，无权就已经混同的货币请求返还原物，只能基于合同关系、不当得利或者侵权行为提出相应的请求。

综上所述，错误汇款的实质是货币原所有权人以一个不真实转移所有权的意思表示向现占有人作出的一项转移货币占有的行为。货币的原所有权人所享有的是基于侵权之债、合同之债或者不当得利的债权请求权，而非基于物权的原物返还请求权。

编写人：福建省晋江市人民法院 熊威

16

对农民工工资专用账户的审查应坚持形式审查与实质审查相结合

——何某某执行复议案

【案件基本信息】

1. 裁判书字号

昆明铁路运输中级法院（2024）云71执复2号执行裁定书

2. 案由：执行复议

3. 当事人

申请执行人（复议申请人）：何某某

被执行人：广西某公司

【基本案情】

2021年9月8日，广西某公司在某银行孝天支行开设银行账户，账户名称为广西某公司某银行楼农民工工资专用账户，账号为××。2021年9月15日，为保证农民工工资专用账户依规使用，甲方某银行孝感分行与乙方广西某公司、丙方某银行孝天支行签订了《农民工工资专户三方协议》，协议约定：本专户由广西某公司申请，在项目（标段）所在地的劳动监察机构授权的某银行孝天支行开设农民工工资专用账户，项目名称为某银行孝感分行营业综合楼工程施工，专户名称为广西某公司某银行楼农民工工资专用账户，专户账号为××。协议还对农民工工资发放、账户监管、甲乙丙三方的权利义务、账户销户等进行了约定。账户设立后，建设单位向该专户转入了相应资金。工程竣工验收后，广西某公司作为收款单位于2023年12月16日向建设单位申请将应付工程款

5881618.24元的20%，即1176323.65元用于支付农民工工资。经审批完成后，上述款项于2023年12月23日转入账号为××的农民工工资专用账户。

2024年1月5日，申请执行人何某某与被执行人广西某公司公路货物运输合同纠纷案立案执行，执行标的558007.40元。因被执行人未履行生效法律文书确定的义务，执行法院昆明铁路运输法院于2024年1月9日作出（2024）云7101执13号执行裁定，冻结、划拨被执行人在某银行孝天支行××账户内的存款人民币558007.40元，并于同月26日将该款项扣划至法院执行款专户。该账户被冻结后，尚有所涉工程项目的分包单位向广西某公司出具代发委托书，请求支付欠付的农民工工资。

2024年2月18日，被执行人对冻结、扣划行为不服提出执行异议，申请撤销对上述款项的冻结、划拨措施。2024年3月4日，执行法院审查后作出（2024）云7101执异4号执行裁定书，裁定撤销对广西某公司在某银行孝天支行账号为××账户采取的冻结、划拨措施。申请执行人何某某对该裁定不服，向昆明铁路运输中级法院申请复议。

【案件焦点】

被执行人开设的某银行孝天支行××账户是否属于农民工工资专用账户，转入的资金1176323.65元是否属于农民工工资。

【法院裁判要旨】

昆明铁路运输中级法院经审理认为：根据《工程建设领域农民工工资专用账户管理暂行办法》第六条第一款、《最高人民法院、人力资源社会保障部、中国银保监会关于做好防止农民工工资专用账户资金和工资保证金被查封、冻结或者划拨有关工作的通知》第一条之规定，农民工工资专用账户名称为总包单位名称加工程建设项目名称后加“农民工工资专用账户”。根据被执行人广西某公司提交的《农民工工资专户三方协议》《中国工商银行开立单位银行结算账户申请书》，可以证实广西某公司在某银行孝天支行开设的××账户，其名称为广西某公司某银行楼农民工工资专用账户，该账户属于农民工工资专用账户。广西某公司所提交的工程分包单位出具的农民工工资代发委托书，证实所涉工程项目在专用账户被冻结后仍欠付农民工工资，因此，执行法院所冻结广西某公司××账户内的存款558007.4元应属于农民工工资。而《最高人民法院、人力资源社会保障部、中国银保监会关于做好防止农民工工资专用账户资金和工资保证金被查封、冻结或者划拨有关工作的通知》第二条规定："人民法院在查封、冻结或者划拨相关单位银行账户资金时，应当严格审查账户类型，除法律另有专门规定外，不得因支付为本项目提供劳动的农民工工资之外的原因查封、冻结或者划拨两类账户资金。"故执行法院经审查后，裁定撤销对农民工工资专用账户采取的冻结、划拨措施并无不当。综上，何某某的复议申请缺乏事实和法律依据，应予驳回。

云南省昆明铁路运输中级法院依照《中华人民共和国民事诉讼法》第二百三十六条，《最高人民法院关于人民法院办理执行异议和复议案件若干问题的规定》第二十三条第一款第一项的规定，裁定如下：

驳回何某某复议申请，维持昆明铁路运输法院（2024）云7101执异4号异议裁定。

【法官后语】

设立农民工工资专户，是保障农民工合法权益的重要措施，不仅确保了农民工工资的及时足额支付，还有助于规范企业的工资支付行为，减少因工资拖欠引发的社会问题，有助于构建和谐的劳动关系，促进社会稳定。

法院审理涉农民工工资专户案件时，应当坚持形式审查与实质审查相结合的方式，以确保司法的人民性，做到以人为本。农民工工资专用账户具有专款专用的特征，该特征体现在：一是账户内资金系专款，即由建设单位支付总包单位的工资性工程款，该工程款数额按工程施工合同约定的数额或者比例确定；二是账户内资金需专用，即用于支付农民工工资，不得转入除本项目农民工本人银行账户以外的账户。形式审查主要关注工资专户的设立程序、资金流转记录等表面合规性问题，确保企业遵守相关法律法规的基本要求。实质审查则更进一步，深入分析工资专户的实际运作情况，包括资金的来源、使用情况以及是否真正用于支付农民工工资等核心问题。本案中，从形式上看，工程建设方与承包方和银行签订了《农民工工资专户三方协议》，开设了农民工工资专用账户，形式上是符合农民工工资专用账户的条件，同时也务必要进行实质审查，发现并纠正企业可能存在的违规行为，如虚假设立工资专户、资金挪用等，有效防止被执行人借用农民工工资专用账户来逃避执行。本案中，根据《最高人民法院 人力资源社会保障部 中国银保监会关于做好防止农民工工资专用账户资金和工资保证金被查封、冻结或者划拨有关工作的通知》第二条规定，申请执行人何某某并非以支付本项目提供劳动的农民工工资为由申请冻结、扣划，故案涉账户符合上述法律规定的不得冻结、划拨的情形。

延伸一步来讲，对农民工工资专用账户中的超额资金，法院可依法采取冻结或者划拨措施。本案中冻结、扣划的金额是558007.4元，如果该农民工工资专户1176323.65元用于支付全部农民工工资后有剩余，则法院依然可以进行冻结、扣划。

该案例在司法实践中具有重要的指导性意义。通过形式审查和实质审查相结合的方式，一是能够为农民工提供更加坚实的法律保障，促进劳动市场的健康发展；二是防止被执行人借用农民工工资专户来逃避执行，充分保障申请执行人的合法权益；三是作为一种价值导向，引导申请执行人对法院依法保护农民工合法权益的理解，同时督促被执行人及时履行相应法定义务。

编写人：昆明铁路运输中级法院　刘小路

17

医保结算款账户不同于医保基金账户，不能排除执行

——某医院执行异议案

【案件基本信息】

1. 裁判书字号

福建省厦门市中级人民法院（2022）闽0203执复54号民事裁定书

2. 案由：执行异议

3. 当事人

申请执行人：某公司

被执行人（异议人）：某医院

【基本案情】

原告某公司与被告某医院融资租赁合同纠纷一案，法院于2018年11月1日作出（2018）闽0203民初16410号民事调解书，当事人自愿达成如下协议：（1）某公司与某医院共同确认：截至2018年10月31日，某医院尚欠某公司租金6640000元及留购价款100元；（2）被告某医院同意上述租金6640000元分40期支付，每月一期，自2018年11月起（含当月）在每月的20日前支付，每期应付租金为166000元，留购价款100元同第34期租金一并支付；（3）在某医院支付了全部租金及留购价款100元后，编号为×××的《融资租赁合同》项下租赁物归某医院所有；（4）若某医院按期足额支付上述款项，则某公司同意放弃其他诉讼请求，某公司与被告某医院就本案再无其他争议；（5）若某医院有任何一期款项未按上述约定按期足额履行的，则某公司有权以双方确认的本协议第一项未清偿债务，立即向人民法院申请强制执行，同时有权要求某医

院支付违约金（以本协议第一项未清偿债务为基数，自逾期之日起按每日万分之五的标准计算至实际清偿之日止）；(6) 在某医院已按期足额支付了前 34 期租金和留购价款 100 元，且已支付了第 35 期租金中的 164000 元的前提下，若在最后五期发生租金支付困难，则某医院同意放弃申请强制执行。该民事调解书于 2018 年 11 月 1 日发生法律效力。

由于某医院未按期足额履行生效的民事调解书所确定的义务，某公司向法院申请强制执行，法院于 2021 年 12 月 13 日立案执行。执行期间，法院冻结了某医院名下×××的某银行账户。某医院以该账户系金昌市城乡居民基本医疗保险财政专款专户为由向法院提起执行异议，请求排除对上述账户的执行。

【案件焦点】

某医院对排除医保账户的主张能否得到支持。

【法院裁判要旨】

福建省厦门市思明区人民法院经审理认为：异议人主张法院冻结的其名下×××银行账户为金昌市城乡居民基本医疗保险财政专款专户，依法应当排除强制执行，但根据异议人提交的《某银行开立单位银行结算账户申请书》显示，该账户属于医保结算账户，医保结算款与医疗保障基金是两个不同的概念，异议人混淆二者概念，医保结算款不属于法律规定不能冻结、扣划的款项。综上，异议人未履行生效法律文书规定的义务，法院冻结上述账户符合相关法律规定，并无不当。异议人的异议请求不能成立，法院不予支持。

福建省厦门市思明区人民法院依照《中华人民共和国民事诉讼法》第二百三十二条，《最高人民法院关于人民法院办理执行异议和复议案件若干问题的规定》第十七条之规定，裁定如下：

驳回异议人某医院的执行异议请求。

某医院不服该异议裁定，向福建省厦门市中级人民法院申请复议。福建省厦门市中级人民法院经审理认为：同意一审法院的裁定意见，裁定如下：

驳回某医院的复议申请。

【法官后语】

这是一件典型的申请排除医保账户执行的异议案。近年来，医院作为被执行人的案件时有发生。医院多以法院冻结其医保账户为由向法院提起执行异议要求排除执行。这类案件的焦点在于医保基金账户与医保结算账户的区别，医保账户性质及权属的认定，从而对医保结算账户能否排除执行进行认定。

国家建立社会保险制度，以保障公民在年老、疾病、工伤、失业、生育等情况下依法从国家和社会获得物质帮助的权利。社会保险基金则是国家为了使社会保险有可靠的资金保障而建立的用于支付社会保险的专项资金。国家通过立法统筹地区设立社会保险经办机构代参保人管理社会保险基金，社会保险机构为社会保险基金设立专户进行管理，该基金最终由参保人员享用，保障企业退休职工、失业人员的基本生活需要，属专项资金，专款专用，不得挪作他用。因此，社会保险基金不属于社会保险经办机构所有，不得作为社会保险机构的财产被冻结、扣划。《最高人民法院关于在审理和执行民事、经济纠纷案件时不得查封、冻结和扣划社会保险基金的通知》规定，各地人民法院在审理和执行民事、经济纠纷案件时，不得查封、冻结或扣划社会保险基金；不得用社会保险基金偿还社会保险机构及其原下属企业的债务。

本案中，某医院提出了最高人民法院的上述规定，认为其名下×××的某银行账户系医保账户，向法院申请排除对该账户的执行。根据某医院提交的《某银行开立单位银行结算账户申请书》显示，该账户属于医保结算账户，而非社会保险基金账户，即该账户系医院用于收取医保结算款，而非用于管理社会保险基金。另外，最高人民法院的规定针对的是被执行人为社会保险机构，社会保险基金由保险机构代参保人管理，而某医院亦非代参保人管理社会保障基金的社会保险机构。医保结算款与医疗保障基金是两个不同的概念，医保结算款属医院所有，不属于法律规定不能冻结、扣划的款项。某医院的异议混淆了医保结算款与医疗保障基金的概念。法院冻结某医院的医保结算账户符合相关法律规定，并无不当。某医院的异议请求不能成立，法院不予支持。

编写人：福建省厦门市思明区人民法院　张舒羽

18

支付宝实际使用者能否排除法院对实名登记用户的强制执行

——唐某诉某银行案外人执行异议案

【案件基本信息】

1. 裁判书字号

广东省广州市中级人民法院（2023）粤 01 民终 27681 号民事判决书

2. 案由：案外人执行异议

3. 当事人

原告（上诉人）：唐某

被告（被上诉人）：某银行

第三人：姚某

【基本案情】

第三人姚某使用其实名认证的支付宝账号注册了一家淘宝个人店铺。2020 年 7 月 19 日，唐某出于自身经营需要，以 80 元价格购买了姚某的上述淘宝店铺，姚某协助唐某对店铺绑定的支付宝账号密码进行了修改，但双方未更改店铺所绑定的支付宝账号，也未向淘宝平台提交变更店铺经营者的申请。随后的两年多时间里，唐某经营的淘宝店铺所获得的收益均流入姚某名下的支付宝账户，唐某不定期进行提现。

2022 年 10 月 13 日，唐某打开该支付宝账户发现有两笔支出 11328. 3 元和 11738. 29 元备注为司法划扣，随即联系法院，方才得知姚某因信用卡透支欠某银行债务，被诉至法院要求清偿债务，姚某未履行生效判决确定的义务，人民法院遂依据银行的申请扣划了该网店对应的姚某名下的支付宝账户余额 23066. 59 元。

为此，唐某提出执行异议，认为支付宝账户内的资金系其经营所得，并非姚某个人财产，不应作为被执行人姚某的财产被采取强制执行措施，法院裁定驳回唐某的异议申请。

唐某不服，向广东省广州市黄埔区人民法院提起案外人执行异议之诉，请求判令撤销前述裁定，解除对姚某支付宝账户进行司法划扣的执行措施。

【案件焦点】

唐某是否享有足以排除强制执行的民事权益。

【法院裁判要旨】

广东省广州市黄埔区人民法院经审理认为：要判断唐某就案涉款项是否享有足以排除强制执行的民事权益，须以判定该款项的归属问题。首先，支付宝账号作为一种电子支付工具，是实行实名认证，登记在谁的名下即该账户归谁所有。案涉的支付宝账户登记在第三人姚某名下，该账户的款项应归其所有。其次，谭某主张其从姚某处购买了淘宝店铺及支付宝账号，但现有证据不足以证实。退一步讲，即使按原告主张其借用姚某名义开设实名认证淘宝店铺，购买姚某的支付宝账户并绑定店铺，原告的买卖支付宝账户行为违反有关法律法规，由此产生法律后果应由其自行承担。综上，原告提交的证据不足以证实其就案涉款项享有足以排除强制执行的民事权益。

广东省广州市黄埔区人民法院依照《中华人民共和国民事诉讼法》第六十七条、第一百四十七条，《最高人民法院关于适用〈中华人民共和国民事诉讼法〉的解释》第九十条之规定，判决驳回原告唐某的全部诉讼请求。

唐某不服一审判决，提起上诉。

广东省广州市中级人民法院经审理认为：当事人对自己提出的诉讼请求所依据的事实应当提供证据加以证明，当事人未能提供证据或者证据不足以证明其事实主张的，由负有举证证明责任的当事人承担不利的后果。首先，唐某虽然主张其购买了姚某淘宝店铺及支付宝账号，但未提供充分证据证实；其次，案涉支付宝账号系实名认证登记，且登记在姚某名下，因货币作为一种特殊动产，同时作为不特定物，流通性系其基本属性，即使存在被唐某购买的情况，唐某违规借用账户，由此带来的风险应自行承担。综上所述，唐某的上诉请求不成立。广东省广州市中级人民法院依照《中华人民共和国民事诉讼法》（2022 年 1 月 1 日施行）第一百七十七条第一款第一项及《最高人民法院关于适用〈中华人民共和国民事诉讼法〉的解释》（2022 年 4 月 10 日施行）第九十条规定，判决如下：

驳回上诉，维持原判。

【法官后语】

货币作为一种特殊动产，同时是不特定物，流通性是其基本属性。本案的原告唐某购买登记在姚某名下的淘宝店铺，未向平台提交变更店铺经营者的申请，而店铺绑定的支付宝账号实名认证登记在姚某名下，支付宝账户内的款项可供人民法院依法强制执行。即使唐某与姚某达成一致，由唐某使用姚某支付宝账号用于网店经营收款，因唐某系违规借用账户，由此带来的风险应由其自行承担，不能排除银行对姚某支付宝账号财产的强制执行。但唐某对姚某享有不当得利请求权。

支付宝账户内的资金及收益，属于法律规定的个人合法财产权利范围，账户实名认证人对账户内所有的资金享有占有、使用、收益和处分的权利。同时，支付宝账户实名认证具有对外公示效力。提起案外人执行异议之诉的案外人，应当对执行标的享有所有权或者其他足以阻止执行标的转让和交付的实体权利，而本案中的唐某对案涉支付宝账号并不享有这方面权利。

根据《最高人民法院关于人民法院办理执行异议和复议案件若干问题的规定》第二十五条第一款第五项之规定，其他财产和权利，有登记的，按照登记机构的登记判断；无登记的，按照合同等证明财产权属或者权利人的证据判断。本案中，被执行的支付宝账户系姚某实名认证登记，唐某对该支付宝账户不享有所有权，而货币属于特殊种类物，一般适用“占有即所有”原则，债权人据此产生的信赖利益依法受到保护。唐某因经营网络店铺产生的收入一旦进入姚某的支付宝账户，外观上即满足冻结和划拨的条件，人民法院有权对被执行人名下的支付宝账户予以冻结和划拨，唐某即使因此遭受财产损失，也只享有要求姚某赔偿损失的债权请求权，对姚某支付宝账户内的资金不享有足以阻止执行标的转让、交付的实体权利。

电商新业态迅猛发展，在为市场经济贡献新活力的同时，也产生各种新风险、新问题。有的商家为了规避平台管理，借用他人名义经营网店，或者把自己注册的网店转卖他人经营等，都可能会面临一定的法律风险。本案中，唐某花 80 元购买了姚某注册的淘宝店铺，但并未向平台申请变更网店经营者身份并绑定本人支付宝账号，仍然使用姚某支付宝账号进行经营活动。后姚某因其他经济纠纷被法院强制执行，导致该支付宝账户被冻结，唐某诉至法院要求解除对该支付宝账户进行司法划扣的执行措施，最终法院认定使用他人支付宝账号经营网店，不能对抗债权人申请执行支付宝账户余额。

法官提醒，经营者应使用本人网络账号从事网络交易活动，使用他人网络账号进行交易产生的资金流失风险应由经营者自行承担。通过协议等方式将网络账号及店铺转让给其他经营者，或者从其他经营者处受让网络账号及店铺，应当依法进行相关经营主体信息变更公示，并及时绑定自有实名认证账号。

编写人：广东省广州市中级人民法院　戴俊英　谢君源

19

被执行人身故后指定受益人的人身保险金是否可强制执行

——余某甲执行异议案

【案件基本信息】

1. 裁判书字号

江苏省宜兴市人民法院（2023）苏 0282 执异 76 号执行裁定书

2. 案由：执行异议

3. 当事人

异议人：余某甲

申请执行人：陈某某

被执行人：余某乙、万某某

【基本案情】

2014年3月24日江苏省宜兴市人民法院作出的（2013）宜徐民初字第0275号民事判决，依该判决：（1）余某乙于本判决发生法律效力之日起10日内归还陈某某借款160万元，并承担判决确定的归还之日止按中国人民银行同期同类贷款基准利率计算的利息。（2）万某某对上述100万元借款本金承担连带责任，万某某承担保证责任后，有权向余某乙进行追偿。（3）驳回陈某某对金陵公司的诉讼请求。（4）驳回陈某某的其他诉讼请求。

因被执行人未按上述生效法律文书履行义务，宜兴市人民法院立案执行。因被执行人无财产可供执行，该案于2014年12月12日裁定终结本次执行。

后陈某某申请恢复执行，法院于2022年7月21日立案，执行案号为（2022）苏0282执恢982号。在该案执行中，本院作出（2022）苏0282执恢982号之三号执行裁定书及协助执行通知书冻结被执行人余某乙在某保险公司承保的余某乙作为投保人的两份保单的保险权益。

余某乙于2023年1月10日死亡，异议人余某甲提出执行异议，认为该案被执行人余某乙曾于2006年3月23日在某保险公司投保两份人身保险，该两份保险均约定事故受益人为余某甲，余某乙现已死亡，该份保险金不属于余某乙的遗产，应属于余某甲的财产，宜兴法院不应予以冻结。申请解除该案件中对余某乙投保的受益人为余某甲的两份中国平安人寿保险的保险金的冻结措施，恢复某保险公司支付余某甲全部保险金。

经法院听证审查，作出（2023）苏0282执异76号民事裁定书中止对被执行人余某乙在某保险公司作为投保人的保险权益的执行。

【案件焦点】

被执行人生前购买的人身保险受益人为第三人，在被执行人死亡后获得的保险赔偿金是否可以被强制执行。

【法院裁判要旨】

江苏省宜兴市人民法院审理认为：根据《中华人民共和国保险法》第四十二条之规定：被保险人死亡后，有下列情形之一的，保险金作为被保险人的遗产，由保险人依照《中华人民共和国继承法》的规定履行给付保险金的义务：（1）没有指定受益人，或者受益人指定不明无法确定的；（2）受益人先于被保险人死亡，没有其他受益人的；（3）受益人依法丧失受益权或者放弃受益权，没有其他受益人的。受益人与被保险人在同一事件中死亡，且不能确定死亡先后顺序的，推定受益人死亡在先。人身保险金能否列入被保险人的遗产，取决于被保险人是否指定了受益人，指定了受益人的，被保险人死亡后，其人身保险金应付给受益人。未指定受益人的，被保险人死亡后，其人身保险金应作为遗产处理，可以用来清偿债务或者赔偿。本案中，被执行人余某乙曾于2006年3月23日在某保险公司投保两份人身保险，至2022年期间，两份保险合同缴费均正常缴纳，该份保险约定事故受益人为余某甲，保险合同认定有效。被执行人余某乙于2023年1月10日死亡，本案冻结的是被执行人余某乙在某保险公司的人身保险金，且已明确指定了受益人是案外人余某甲。

据此，依照《中华人民共和国民事诉讼法》第二百三十四条，《最高人民法院关于人民法院办理执行异议和复议案件若干问题的规定》第二十四条之规定，裁定如下：

中止（2022）苏0282执恢982号一案对被执行人余某乙在某保险公司作为投保人的两份保单的保险权益的执行。

【法官后语】

在实践中，根据《最高人民法院关于人民法院民事执行中查封、扣押、冻结财产的规定》第一条第一款规定，人民法院查封、扣押、冻结被执行人的动产、不动产及其他财产权，应当作出裁定，并送达被执行人和申请执行人。《最高人民法院关于适用〈中华人民共和国民事诉讼法〉执行程序若干问题的解释》第三十二条第一款第四项规定，被执行人应当书面报告的财产包括“债权、股权、投资权益、基金、知识产权等财产性权利”，故保险单的现金价值可以作为被执行人的财产权，可以成为案件中的执行标的。本案中，江苏省宜兴市人民法院作出（2022）苏 0282 执恢 982 号之三号执行裁定书及协助执行通知书冻结被执行人余某乙在某保险公司承保的余某乙作为投保人的保险权益。

被执行人死亡后产生的保险理赔金是否作为被执行人个人遗产偿还债务需审查保单中投保人与受益人是否为同一人。参照《最高人民法院关于保险金能否作为被保险人遗产的批复》关于“人身保险金能否列入被保险人的遗产，取决于被保险人是否指定了受益人。指定了受益人的，被保险人死亡后，其人身保险金应付给受益人；未指定受益人的，被保险人死亡后，其人身保险金应作为遗产处理，可以用来清偿债务或者赔偿”的规定。本案中，江苏省宜兴市人民法院作出（2022）苏 0282 执恢 982 号之三号执行裁定书及协助执行通知书冻结被执行人余某乙在某保险公司承保的余某乙作为投保人的保险权益。

案外人余某甲（投保人）提出异议称，该案被执行人余某乙在某保险公司投保两份人身保险，现余某乙已死亡，且指定两份保险约定事故受益人均为余某甲，故该份保险金不属于余某乙的遗产，应属于余某甲的财产，宜兴法院不应予以冻结，应恢复某保险公司支付余某甲全部保险金。本案中已明确指定了受益人是案外人余某甲，故法院应解除对余某乙人身保险金的强制措施。本院（2023）苏 0282 执异 76 号依据上述规定，裁定中止对被执行人在某保险公司的保险权益的执行。

人身保险是以人的寿命和身体为保险标的的保险，保险单具有现金价值。一般人寿保险合同中的保障型险种，具有很强人身属性，当投保人死亡后产生的交付给被保险人或受益人的财产价值具有一定的人身依附性和专属性，人民法院是否可以对该财产权益进行执行在实践中存在不同的做法。重要的一点是要区分该保险理赔金是否应属于被执行人的遗产，根据现行《中华人民共和国保险法》第四十二条第一款规定，被保险人死亡后，有下列情形之一的，保险理赔金作为被保险人的遗产，由保险人依照《中华人民共和国民法典》第六编的规定履行给付保险理赔金的义务：(1) 没有指定受益人，或者受益人指定不明无法确定的；(2) 受益人先于被保险人死亡的，没有其他受益人的；(3) 受益人依法丧失受益权或者放弃受益权，没有其他受益人的。根据上述法条规定，在保险合同中，投保人或被保险人指定受益人的，被保险人身故后的保险理赔金属于该保单内指定的受益人，法院不能将该理赔金作为被执行人遗产进行执行；未指定受益人的，被保险人身故后的保险理赔金属于被保险人的遗产，该理赔金可用于偿还投保人生前的个人债务。

编写人：江苏省宜兴市人民法院　李明哲

四、对债权的执行

20

到期债权第三人超出履行通知指定的法定期限提出异议的可按执行行为异议进行审查

——某融资租赁公司执行监督案

【案件基本信息】

1. 裁判书字号

黑龙江省高级人民法院（2023）黑执监213号执行裁定书

2. 案由：执行监督

3. 当事人

申请执行人：某混凝土有限公司

被执行人：某集团某工程局、某集团某工程局黑龙江省分公司

利害关系人：某融资租赁公司

【基本案情】

2020年12月25日，黑龙江省牡丹江市中级人民法院二审作出终审民事判决书，判决某集团某工程局黑龙江省分公司给付某混凝土有限公司混凝土款及利息，某集团某工程局对混凝土款及利息承担补充责任。因某集团某工程局、某集团某工程局黑龙江省分公司均未履行生效法律文书确定的义务，某混凝土

有限公司向黑龙江省海林市人民法院申请强制执行，案件进入执行程序。

因某集团某工程局对宁夏某医院存在到期债权，2022 年 8 月 26 日，黑龙江省海林市人民法院作出执行通知书，通知书中明确：如有异议，应当自收到本通知后的十五日之内向该院提出，逾期不履行又不提出异议的，该院将强制执行。在执行笔录中记载："该医院工作人员称，现在 2400 万元到 2500 万元之间应当给付工程款，但是要等到法律文书生效后，根据结果再支付。并要求等法律文书生效后再采取执行措施。"2022 年 9 月 6 日，该院作出执行裁定，冻结宁夏某医院某银行账户存款 1250 万元。宁夏某医院以该笔到期债权正在审理中，具体数额不确定，双方暂不存在明确可执行的到期债权债务关系为由向黑龙江省海林市人民法院提出异议。经黑龙江省海林市人民法院和黑龙江省牡丹江市中级人民法院两级审查后，认为宁夏某医院未在履行通知指定的法定期限提出异议，法院有权强制执行，故驳回其异议、复议申请。2023 年 3 月 28 日，该院作出执行裁定，强制执行宁夏某医院某银行账户存款 1250 万元并扣划上述款项至该院账户。

此外，某融资租赁公司作为申请执行人与某集团某工程局在天津市第一中级人民法院另有执行案件，天津市第一中级人民法院于 2022 年 4 月 21 日作出执行裁定冻结被执行人某集团某工程局对宁夏某医院享有的债权 1.111 亿元。故某融资租赁公司向黑龙江省海林市人民法院提出异议认为：天津市一中院冻结该笔债权在先，且冻结数额超过某集团某工程局享有的债权总额，黑龙江省海林市人民法院冻结到期债权的行为系轮候冻结，扣划案涉款项错误。请求撤销该法院相关执行裁定和执行行为，将已扣划的 1250 万元移交天津市一中院。

【案件焦点】

1. 到期债权执行程序中，到期债权第三人超过履行通知指定的法定期限提出异议，执行法院是否应予以审查，以及在审查程序中对到期债权具体数额予以审查认定是否正确；2. 另案中天津市第一中级人民法院冻结案涉债权的法律效力如何。

【法院裁判要旨】

黑龙江省海林市人民法院经审理认为：宁夏某医院作为该院（2021）黑1083执恢382号案件中的第三人，已就该院作出的该案的执行裁定、履行到期债务通知书提出执行异议，经牡丹江中院终审裁定驳回。天津市第一中级人民法院与该院作出的冻结裁定书中，均认为该工程款系债权，而非中城投六局的收入。故本执行案件应当以执行被执行人到期债权的程序执行。而在天津市第一中级人民法院执行的（2022）津01执恢38号案件中，虽先于该院向宁夏某医院送达该案的执行裁定书、协助执行通知书，冻结享有的债权，但宁夏某医院并非该案中的被执行人，而是第三人。且宁夏某医院已就该案中的执行裁定书、协助执行通知书向天津市第一中级人民法院提出异议。又根据《最高人民法院关于人民法院执行工作若干问题的规定（试行）》第四十五条之规定，在对被执行人债权的执行过程中，必须向第三人发出履行到期债务的通知并直接送达，而不得以协助执行通知书作为替代。因此，该院作出的（2021）黑1083执恢382之二执行裁定书、履行到期债务通知书以及（2023）黑1083执恢128号、（2023）黑1083执恢128号之一执行裁定书程序合法。裁定如下：

驳回某融资租赁公司异议请求。

某融资租赁公司不服异议裁定，申请复议。

黑龙江省牡丹江市中级人民法院经审理认为：宁夏某医院提交的其与某集团某工程局签订的《建设工程施工合同》《口腔教学综合楼补充协议》《工程竣工验收证明书》《工程结算书》可以证明其与某集团某工程局存在债权债务关系并已到期。对到期债权，应按法律规定的第三人到期债权程序执行，即要求次债务人（第三人）协助冻结债权，向次债务人送达履行到期债务通知，债务人不提异议又不履行时作出对次债务人强制执行的裁定，对次债务人强制执行。本案中，天津市第一中级人民法院裁定冻结被执行人某集团某工程局对宁夏某医院享有的债权1.111亿元，仅是执行到期债权的一个措施，而不是全部措施，第三人宁夏某医院在收到冻结裁定后，以与某集团某工程局暂不存在明确可执行的债权债务关系为由，向天津市第一中级人民法院提出书面执行异议。黑龙江省海林市人民法院向宁夏某医院送达第三人履行债务通知书，并作出冻结债权的裁定和强制执行的裁定，符合法律规定的第三人到期债权执行程序。故天津市第一中级人民法院冻结本案争议债权的裁定，不能阻却黑龙江省海林市人民法院对该笔债权的执行。

关于本案争议到期债权冻结权益归属问题。冻结债权是否具有排他效力，目前有关债权冻结的法律规定未直接给出明确答案。民事执行司法理论和实践中，冻结债权具有限制债务人处分债权和限制次债务人向债务人履行的效力，但冻结债权不体现债权的请求力和强制力，也不能使债权人获得对次债务人给付的维持力，因而不能具有排除其他债权人向次债务人主张权利和接受给付的效力。在先冻结被执行人对次债务人的债权并不当然可以在先享有对次债务人财产的强制执行权。在先冻结债权后，仍然需要尽快通过代位执行程序实现对次债务人财产的控制，才可能在先受偿。本案中，某融资租赁公司没有申请天津市第一中级人民法院向第三人宁夏某医院发出履行到期债务通知书，不符合《最高人民法院关于人民法院执行工作若干问题的规定（试行）》第四十五条关于"被执行人不能清偿债务，但对本案以外的第三人享有到期债权的，人民法院可以依申请执行人或被执行人的申请，向第三人发出履行到期债务的通知（以下简称履行通知）。履行通知必须直接送达第三人"之程序规定。本案申请执行人申请黑龙江省海林市人民法院启动代位执行程序（即第三人到期债权执行程序），黑龙江省海林市人民法院依据法定程序向第三人宁夏某医院发出履行到期债务通知书，第三人未履行债务，执行法院裁定扣划被执行人对第三人到期债权，代位执行程序符合上述司法解释规定。裁定如下：

驳回某融资租赁公司复议申请。

某融资租赁公司不服，提起申诉。

黑龙江省高级人民法院经审理认为：关于第一个焦点问题。《最高人民法院关于适用〈中华人民共和国民事诉讼法〉的解释》第四百九十九条规定，人民法院执行被执行人对他人的到期债权，可以作出冻结债权的裁定，并通知该他人向申请执行人履行。该他人对到期债权有异议，申请执行人请求对异议部分强制执行的，人民法院不予支持。依据上述规定，宁夏某医院收到履行到期债务通知后，虽未在法定期限内提出异议，但该医院提出异议称其与被执行人某集团某工程局之间暂不存在明确可执行的到期债权债务，对此异议，黑龙江省海林市人民法院应予审查。对于经账目核对，第三人宁夏某医院认可部分，执行法院可以继续执行，对于不认可或者全部否认部分，执行法院不得在强制执行程序中直接审查确认并强制执行。本案中，宁夏某医院主张其与被执行人某集团某工程局之间暂不存在明确可执行的到期债权债务，此时，执行法院即不能再对第三人宁夏某医院强制执行，执行程序不应对相关实体异议进行审查，亦不得强制执行，否则可能存在损害第三人合法权益情形。

关于第二个焦点问题。《最高人民法院关于人民法院民事执行中查封、扣押、冻结财产的规定》第一条规定，人民法院查封、扣押、冻结被执行人的动产、不动产及其他财产权，应当作出裁定，并送达被执行人和申请执行人。采取查封、扣押、冻结措施需要有关单位或者个人协助的，人民法院应当制作协助执行通知书，连同裁定书副本一并送达协助执行人。查封、扣押、冻结裁定书和协助执行通知书送达时发生法律效力。《最高人民法院关于适用〈中华人民共和国民事诉讼法〉的解释》第四百九十九条第一款规定，人民法院执行被执行人对他人的到期债权，可以作出冻结债权的裁定，并通知该他人向申请执行人履行。本案中，天津市一中院在送达冻结债权裁定时，虽未同时向宁夏某医院送达履行到期债务通知书，程序上存在瑕疵，但该冻结到期债权裁定本身并不违法，故天津市第一中级人民法院冻结该笔债权行为合法有效，且早于黑龙江省海林市人民法院的冻结裁定，此时黑龙江省海林市人民法院对该笔债权强制执行确有不当，依法应予纠正。

黑龙江省高级人民法院参照《中华人民共和国民事诉讼法》第二百一十一条，依据《最高人民法院关于人民法院执行工作若干问题的规定（试行）》第七十一条的规定，裁定如下：

一、撤销黑龙江省牡丹江市中级人民法院（2023）黑 10 执复 15 号执行裁定；

二、撤销黑龙江省海林市人民法院（2023）黑 1083 执异 1 号执行裁定；

三、撤销黑龙江省牡丹江市中级人民法院（2023）黑10执复70号执行裁定；

四、撤销黑龙江省海林市人民法院（2023）黑1083执异12号执行裁定；

五、撤销黑龙江省海林市人民法院（2023）黑1083执恢128号执行裁定；

六、撤销黑龙江省海林市人民法院（2023）黑1083执恢128号之一执行裁定。

【法官后语】

《最高人民法院关于人民法院执行工作若干问题的规定（试行）》第四十五条的规定，被执行人不能清偿债务，但对本案以外的第三人享有到期债权的，人民法院可以依申请执行人或被执行人的申请，向第三人发出履行到期债务的通知……第四十九条规定，第三人在履行通知指定的期限内没有提出异议，而又不履行的，执行法院有权裁定对其强制执行……《最高人民法院关于人民法院办理执行异议和复议案件若干问题的规定》第五条第五项规定，当事人以外的公民、法人和非法人组织认为其他合法权益受到人民法院违法执行行为侵害的，可以作为利害关系人提出执行行为异议。综上，第三人收到执行法院履行到期债务通知后，未在法定期限内提出异议，会丧失到期债权程序对其利益的保护，但并不发生承认债务存在的实体法效力。第三人仍可根据相关法律规定向执行法院提出执行行为异议，执行法院对于该异议，应当进行实质审查后，再决定是否继续执行。

《最高人民法院关于适用〈中华人民共和国民事诉讼法〉的解释》第四百九十九条规定，人民法院执行被执行人对他人的到期债权，可以作出冻结债权的裁定，并通知该他人向申请执行人履行。该他人对到期债权有异议，申请执行人请求对异议部分强制执行的，人民法院不予支持……被执行人对他人的到期债权系被执行人对第三人所享有的债权。对于未经生效法律文书确定的债权债务关系且第三人提出该债权未到期、未结算以及否定存在债权关系等异议的，基于对第三人实体权利的保护，人民法院不得在强制执行程序中直接审查确认该债权债务存在与否以及具体数额并对第三人强制执行。在此情形下，申请执行人应当通过其他法律途径确认被执行人对第三人享有的到期债权。另外，《最高人民法院关于进一步完善执行权制约机制 加强执行监督的意见》要求，执行中的重大实体争议问题，严格按照民事诉讼法及司法解释的规定，通过相应诉讼程序解决，避免违规以执代审。

编写人：黑龙江省高级人民法院　解锐杰

21

前案生效裁判已认定股东出资期限加速到期的，后案在执行阶段可直接追加该股东为被执行人

——韦某执行异议案

【案件基本信息】

1. 裁判书字号

广西壮族自治区柳州市柳南区人民法院（2023）桂0204执异69号执行裁定书

2. 案由：执行异议

3. 当事人

申请执行人（异议人）：韦某

被申请人：徐某、李某

被执行人：某传媒公司

【基本案情】

某传媒公司成立于2015年12月14日，注册资本为100万元，企业类型为有限责任公司（自然人投资或控股），该公司现股东为徐某、李某，其二人认缴的出资额均为50万元，认缴的出资方式均为货币，认缴出资时间均为2036

年12月31日。某传媒公司填报的2021年度报告、2022年度报告显示股东徐某、李某的实缴出资额均为0元。

2020年3月30日，某传媒公司因另案纠纷被法院判决承担还款义务。该案进入强制执行后，执行法院穷尽执行措施发现某传媒公司无财产可供执行，该案终结本次执行程序。后该案债权人认为某传媒公司的股东徐某、李某未实缴出资，遂向执行法院提出异议，申请追加徐某、李某为被执行人。执行法院审查后于2020年12月4日作出执行裁定，裁定追加徐某、李某为被执行人，二人在各自未实缴出资金额50万元的范围内承担责任。后徐某、李某不服提起执行异议之诉。该案经一审、二审审理后认定徐某、李某的认缴出资期限应加速到期，符合追加为被执行人的情形，徐某、李某的诉讼请求均被驳回。

2022年11月10日，柳州市劳动人事争议仲裁委员会作出仲裁裁决，裁决某传媒公司应向韦某支付拖欠工资等共计619800元。后本案进入执行程序，本院进行了财产调查，因未能发现某传媒公司有可供执行的财产，本院于2023年7月12日作出执行裁定，该案终结本次执行程序。2023年9月11日，韦某提出执行异议，申请追加某传媒公司的两名股东徐某、李某为本案被执行人。

【案件焦点】

作为被执行人的营利法人之股东出资期限虽尚未届满，但若已有在先案件的生效裁判认定该股东出资期限符合加速到期情形的，后案在执行阶段是否可直接追加该股东为被执行人。

【法院裁判要旨】

广西壮族自治区柳州市柳南区人民法院经审理认为：《最高人民法院关于民事执行中变更、追加当事人若干问题的规定》（以下简称《追加、变更规定》）第十七条规定，作为被执行人的营利法人，财产不足以清偿生效法律文书确定的债务，申请执行人申请变更、追加未缴纳或未足额缴纳出资的股东、出资人或依公司法规定对该出资承担连带责任的发起人为被执行人，在尚未缴纳出资的范围内依法承担责任的，人民法院应予支持。本案中，某传媒公司经本院调查后未发现有可供执行的财产，本案已经终结本次执行程序。另徐某、李某作为某传媒公司的股东在另案判决中已经被认定认缴出资期限应加速到期，符合追加为被执行人的情形，且该上述判决生效后，徐某、李某对某传媒公司的出资情况没有变化，其二人的实缴出资仍然为 0 元。故韦某提出追加徐某、李某为被执行人的申请符合上述司法解释的规定，应当予以支持。

广西壮族自治区柳州市柳南区人民法院依照《追加、变更规定》第十七条、第二十八条、第三十二条之规定，裁定如下：

一、追加徐某、李某为仲裁裁决的被执行人；

二、徐某、李某在其二人尚未缴纳的出资范围内，以仲裁裁决确定的被执行人某传媒公司应履行而未履行的债务为限，对申请执行人韦某承担清偿责任。

【法官后语】

股东认缴期限利益与公司债权人债权兑现之间的冲突是我国确立了注册资本认缴制度以来一直存在的问题。执行实务中，未届认缴出资期限的股东滥用期限利益而规避执行，造成公司债权人胜诉利益难以兑现的情况屡见不鲜。

2019 年《全国法院民商事审判工作会议纪要》（以下简称《九民纪要》）第六条明确了非破产情形下股东出资加速到期的两种例外情形，明确了诉讼中通过实体审查对未届认缴出资期限的股东加速到期的审查规则。但执行阶段能否适用该条规定直接变更、追加该类股东为被执行人的问题，实务中各地法院做法不一，且基本持谨慎甚至否定态度。

本案系在执行阶段直接追加未届认缴出资期限股东为被执行人的一类特殊情形，亦是执行实践中常见情形。即前案生效裁判中已认定股东出资期限应加速到期，后案在执行阶段是否可直接追加该股东为被执行人？结合本案，笔者认为后案在执行阶段可直接追加该类股东为被执行人。

第一，从证据规则来看，已为人民法院发生法律效力的裁判所确认的事实，无需另行举证证实。《追加、变更规定》第十七条规定，在公司财产不足以清偿生效法律文书确定的债务时，申请执行人可以申请变更、追加未缴纳或未足额缴纳出资的股东为被执行人。目前执行实务的倾向性意见为未届出资期限而享有期限利益的股东，不属于上述规定中“未缴纳或未足额缴纳出资的股东”。然而，当前案生效裁判通过实体审查，对股东出资期限应加速到期所依据的相关事实已经司法确认，该事实则属于证据规则中“已为人民法院发生法律效力的裁判所确认的事实”，无需通过另案诉讼举证证实而再次寻求司法对该事实的确认。前案中已认定股东出资期限应加速到期的，应当视为该股东丧失期限利益，出资期限已届满，随即符合《追加、变更规定》第十七条规定中“未缴纳或未足额缴纳出资的股东”的情形。

第二，从法理上来看，在执行阶段认定股东出资义务加速到期并不存在法理障碍。其一，能否在执行程序中将某一类型的第三人变更、追加为被执行人，往往是立法者基于程序与实体公正利益衡量的结果。在《追加、变更规定》第十七条已明确将未足缴出资的股东纳入被追加的范围，且《九民纪要》第六条已明确出资期限加速到期的情况下，没有理由将加速到期规则排除在执行变更、追加程序之外。其二，在《关于适用〈中华人民共和国公司法〉若干问题的规定（三）》于2014年修改时，未对“未缴纳或未足额缴纳出资的股东”是否包含未届出资期限股东予以明确，《追加、变更规定》在当时亦不宜对该问题表明态度。但在《九民纪要》第六条对此明确规定的情况下，可适当对“未缴纳或未足额缴纳出资的股东”作扩大解释，即在满足《九民纪要》第六条规定的要件时，可将未届出资期限的股东囊括在内。

第三，从实践需求来看，部分法院已开始探索在执行阶段认定股东出资义务加速到期。例如，福建省龙岩市中级法院在（2022）闽08民终470号民事判决书中认为，人民法院已穷尽执行措施仍未发现建设工程公司具有可供执行的财产，建设工程公司不能清偿到期债务且公司明显缺乏清偿能力已具备破产原因，但该公司或其债权人未申请破产，人民法院依法可以追加该公司股东作为执行案件的被执行人。

第四，执行部门对是否符合追加情形、追加后股东承担有限责任的范围及执行多案协调更具优势。一方面，对于公司清偿不能的认定，需要借助先诉抗辩权的手段加以认定，也即只有在公司财产确实不足以清偿的情况下，才可以向作为补充债务人的股东主张权利，执行部门对公司是否确不足以清偿的事实认定更具发言权。另一方面，股东的责任是以认缴出资为限，如果存在多个执行案件，将出现股东对多案债务共同清偿问题，因股东仅在出资限额内承担有限责任，需要执行部门对多案予以统筹协调执行，避免股东超出有限责任重复履行义务。

第五，从效果上来看，在执行阶段追加该类股东，可有效减轻当事人诉累、避免产生大量重复诉讼，节约司法资源，提高执行效率；亦有利于保护债权人的胜诉权益，打击股东滥用期限利益、利用“空壳公司”逃避执行的行为。

本案中，经查询企业公示信息，虽某传媒公司股东的认缴出资期限尚未届满而依法享有期限利益，但徐某、李某已在前案生效判决中被认定其二人的认缴出资期限应加速到期。此种情形下，徐某、李某对某传媒公司的认缴出资期限应当视为已经届满。同时，经过本案审查，确认执行案件经执行程序调查后仍未发现有可供执行的财产并被裁定终结本次执行，且在该另案判决生效后至本案韦某提出执行异议前，徐某、李某对某传媒公司的出资情况没有变化，其二人的实缴出资仍然为0元。故合议庭认为徐某、李某符合被追加为被执行人的情形。

本案讨论了在执行阶段追加未届认缴出资期限股东为被执行人的一种特殊情形，将此种附条件的认缴出资期限加速到期纳入执行变更、追加程序中的裁判思路，为执行阶段直接追加未届认缴出资期限股东为被执行人的制度探析提供了新的参考。

编写人：广西壮族自治区柳州市柳南区人民法院　邓媛　邓承峰

22

登记于被执行人配偶名下的股权并不当然排除对被执行人个人债务的强制执行

——张某诉俞某、吕某执行异议案

【案件基本信息】

1. 裁判书字号

浙江省湖州市中级人民法院（2023）浙05民终1851号民事判决书

2. 案由：执行异议

3. 当事人

原告（上诉人、申请执行人）：张某

被告（被上诉人、案外人）：俞某

被告（被上诉人、被执行人）：吕某

【基本案情】

1997年，吕某与俞某登记结婚。婚后二人共同成立两家公司，其中A公司俞某持股100%，吕某担任公司监事，B公司俞某持股25.08%，A公司持股74.92%，吕某曾担任公司法定代表人。婚姻关系存续期间吕某多次向张某借款。2019年张某就该民间借贷纠纷起诉吕某、俞某。一审法院认定该债务不属于夫妻共同债务，判决由吕某个人归还借款230万元及利息，二审法院予以维持。案件生效后，吕某未履行判决，张某遂申请强制执行。因吕某名下无可供执行财产且拒不履行生效判决，张某申请强制执行吕某与俞某夫妻共同财产中应属吕某所有的财产，法院遂冻结了俞某在A、B两家公司的股权。俞某提出执行异议，法院裁定中止对俞某持有股份的执行。张某对执异裁定不服，提起申请人执行异议之诉。

另，俞某提出执行异议之前，与吕某登记离婚，离婚协议未对案涉股权及夫妻共同财产作出约定。

【案件焦点】

1. 夫妻关系存续期间，以夫妻共同财产投资形成但以一方名义持有的有限责任公司的股权是否属于夫妻共同财产；2. 执行中，登记于被执行人配偶名下的股权是否属于被执行人的责任财产，法院可否强制执行，被执行人配偶就该股权是否享有足以排除强制执行的民事权益。

【法院裁判要旨】

浙江省安吉县人民法院经审理认为：案涉股权由俞某一人持有及享有，并非吕某与俞某夫妻共同财产。吕某对案涉股权不享有共有权，但如存在股息、红利或股权转让所得财产的，则吕某对股息、红利或股权转让所得财产享有共有权。俞某与吕某离婚后，吕某对夫妻共同财产享有分割请求权。案涉股权尚未对外转让转化为股权转让所得财产的，则吕某仅就案涉股权的合理份额对俞某享有要求变现为股权转让所得财产的债权请求权而非股权分割请求权。因此，在吕某个人债务案件执行中，张某要求不排除执行案涉股权一半份额的诉讼请求，本院不予支持。综上所述，依照《中华人民共和国民事诉讼法》第一百四十七条、第二百三十四条，《最高人民法院关于适用〈中华人民共和国民事诉讼法〉的解释》第三百一十一条第二项规定，判决如下：

驳回张某的诉讼请求。

张某不服，提出上诉。浙江省湖州市中级人民法院经审理认为：一审判决认定事实清楚，适用法律正确，应予维持。依照《中华人民共和国民事诉讼法》第一百七十七条第一款第一项规定，判决如下：

驳回上诉，维持原判。

【法官后语】

夫妻关系存续期间，以夫妻共同财产投资形成但以一方名义持有的有限责任公司的股权是否属于夫妻共同财产？目前司法实践中大致有三种不同的观点：

第一，不属于夫妻共同财产。理由是：一是法律规定夫妻在婚姻关系存续期间所得的“投资的收益”是夫妻共同财产，而股权不是“投资的收益”，因此股权不是夫妻共同财产；二是股权具有财产权与身份权两重属性，而身份权不能成为夫妻共同财产，因此股权不是夫妻共同财产。

第二，部分属于夫妻共同财产。理由是：有限责任公司的股东作为出资者，按投入资本额享有所有者权益、决策、管理等权利。股权具有财产性、管理性的双重属性。其财产性权利包括收取股息、红利、股权转让价款等方面，可以为夫妻共同财产，而管理性权利则仅限于公司股东，具有一定的人身属性。股权的人身性权利由登记为股东的夫妻一方行使。

第三，属于夫妻共同财产。理由是：股权属于夫妻共同财产的范畴，但股权并非一般财产，如果为持有股权的夫妻一方单纯主张分割股权的，则还应考虑股权是否具有分割的可能性。如果持有股权的夫妻一方转让该股权的，应当征得夫妻另一方的同意或事后追认，否则可能侵害了夫妻共同财产而导致股权转让行为无效。

笔者认为，夫妻关系系社会中基本的社会组织，夫妻关系存续期间一方以夫妻共同财产投资形成而由一方持有的有限责任公司的股权，由持股一方享有。夫妻共同体与持股一方的法律关系本质上是关于股权的财产性权益的债的关系，该关系接近于隐名股东与显名股东之间，或被代持股东与代持股东之间的关系，但又不享有隐名股东对显名股东或被代持股东对代持股东享有的全部权利。即持股一方有义务收取股息、红利、股权转让所得财产并妥善保管或交由夫妻共同体共同保管，但并非夫妻共同体直接享有股权，即包括股权转让权利在内的股权由持股一方享有，夫妻双方并不对股权享有共有权。

离婚后，夫妻共同体作为社会中基本的社会组织消灭，即共有关系的基础关系消灭，离婚双方均享有以消灭共有关系为目的的夫妻共同财产分割请求权。

由此，就原先夫妻共同体与持股一方关于股权的财产性权益，离婚双方均享有债权分割请求权。值得注意的是，此处的分割请求权是指离婚一方对持股一方就股权的合理份额享有要求变现为股权转让所得财产的债权请求权而非股权分割请求权。离婚一方怠于行使其债权及撤销权的，离婚一方的债权人有权行使代位权。

执行实践中，经常遇到夫妻一方为被执行人，如何执行配偶名下财产的问题。本案的典型意义在于回答了登记于被执行人配偶名下的股权是否可强制执行的问题。对于夫妻关系存续期间一方以夫妻共同财产投资形成而由一方持有的有限责任公司的股权，由持股一方享有，股权的财产性权益为夫妻共同财产。持股一方系被执行人配偶的，该股权并不当然排除执行，申请人请求对该股权的财产性权益予以执行的，人民法院应予支持，申请人请求对该股权予以执行的，人民法院不予支持。

编写人：浙江省安吉县人民法院　王鑫涛

23

公司存在到期债务未清偿时，股东不得以其对公司享有的债权抵销其对公司的出资

——梅某、范某诉某股份公司追加、变更被执行人异议之诉案

【案件基本信息】

1. 裁判书字号

广东省深圳市中级人民法院（2023）粤03民终23697号民事判决书

2. 案由：追加、变更被执行人异议之诉

3. 当事人

原告（上诉人、被申请人）：梅某、范某

被告（被上诉人、申请执行人）：某股份公司

第三人（被执行人）：某艺术公司

【基本案情】

被告某股份公司与第三人某艺术公司房屋租赁合同纠纷一案，相关判决已经发生法律效力，被告申请强制执行。因第三人没有可供执行的财产，广东省深圳市福田区人民法院（以下简称福田法院）裁定终结本次执行程序。被告申请追加原告梅某、范某为案件被执行人，福田法院经审查，作出（2021）粤0304执异1188号执行裁定书，裁定：追加梅某、范某为（2021）粤0304执12336号执行案件的被执行人，以其认缴出资额为限（梅某以255万元为限、范某以245万元为限）对被执行人某艺术公司应承担的债务承担连带责任。两原告不服该裁定，提起诉讼，请求判决两原告不对第三人某艺术公司应承担的债务承担连带责任。

经查，第三人某艺术公司成立于2016年9月18日，注册资本500万元，为有限责任公司，现股东为梅某（认缴出资额255万元，占股51%）和范某（认缴出资额245万元，占股49%）。第三人企业档案材料显示，2021年1月11日备案的公司章程（2021年1月6日）第十三条载明，经全体股东一致约定，股东认缴出资额由股东根据公司实际经营需要决定出资计划；同时备案的《股东会决议》载明公司注册资本500万元，实收资本0万元。

另查，第三人企业档案中并无任何实缴出资的记录。原告为证明其已经以债转股的方式向第三人实缴全部出资，提交如下证据：

1. 第三人于2020年12月31日作出的《股东会关于债转股并实缴注册资本的决议》，载明全体股东一致同意将梅某对公司享有的债权500万元转为梅某对公司认缴注册资本500万元的实缴出资额。

2. 第三人2020年12月31日的章程修正案，将原章程第十三条修改为“经全体股东一致约定，2020年12月31日前股东完成全部的认缴出资”。

3. 某会计师事务所于2022年2月作出的《审计报告》和《验资报告》，载明截至2020年12月31日第三人应付梅某账面余额5742166.67元，系由代垫借款及应付利息形成，账实相符，梅某已将上述债权中的500万元转为对第三人的股权投资，全部转入实收资本；经审验，第三人已收到新增实收资本500万元，系以债权出资。

4.《借款合同》及银行流水等，显示自2018年11月8日至2020年12月30日期间，梅某以借款名义向第三人账户转入4617500元，第三人自2017年6月5日至2020年1月10日，以还款及备用金方式向梅某转账支付5228000元。2018年8月24日，第三人与梅某签署《借款合同》，约定第三人向梅某借款500万元用于第三人对某工程公司的出借款项。9月1日，第三人、某工程公司及梅某签署《借款合同》，约定某工程公司向第三人借款500万元，第三人委托梅某支付，合同中载明的某工程公司法定代表人为梅某；2018年9月6日，梅某向某工程公司转账支付500万元，摘要为“借款用于公司经营周转”。

再查，被告某股份公司与第三人某艺术公司房屋租赁合同纠纷一案，福田法院于2019年12月5日作出一审判决，判决：（1）确认被告与第三人签署的《房屋租赁合同》于2018年5月31日解除；（2）第三人向被告退还租赁保证金余额179682.45元。第三人不服上述判决，提出上诉，广东省深圳市中级人民法院于2021年1月25日作出二审判决，判决：驳回上诉，维持原判。

【案件焦点】

原告是否应当对第三人向被告所负债务承担未缴纳出资的法律责任。

【法院裁判要旨】

广东省深圳市福田区人民法院经审理认为：首先，《借款合同》约定第三人以向梅某借款的方式向某工程公司出借款项，但梅某系某工程公司的法定代表人，与梅某及第三人存在关联关系，而相关银行流水摘要为“借款用于公司经营周转”，亦无法客观证实该借款出借方为第三人，故现有证据不能证明梅某对第三人享有该笔债权。其次，《审计报告》《验资报告》均是在上述执行裁定作出后方委托会计师事务所作出，且《股东会关于债转股并实缴注册资本的决议》内容与第三人 2021 年 1 月 11 日备案的《股东会决议》内容存在冲突，在无其他客观证据佐证的情况下，不能证明该债转股决议作出时间的真实性。最后，股东对公司享有债权的，经法定程序可以用于顶抵股东出资，但是该行为应当在公司不能清偿到期债务前作出，否则将使得股东对公司的债权优先获得清偿，从而变相损害公司其他债权人的利益。一方面，如上所述，该决议作出时间的真实性难以确定，不能确认原告所主张的以债权转抵出资行为发生在被告对第三人享有的债权到期未清偿之前；另一方面，根据生效执行依据，被告与第三人的房屋租赁合同于 2018 年 5 月解除，一审判决作出时间为 2019 年 12 月，而原告提交的债转股决议仅早于二审判决作出时间半个月，即使原告主张客观真实，但原告在该时间作出债转股决议，亦有损害债权人利益之嫌。综上，即使梅某对第三人确有投入并且经公司决议转抵对第三人出资，该行为亦不能对抗本案被告债权的强制执行，两原告仍应在未缴纳出资的范围内，就被告对第三人享有的债权承担补充赔偿责任。

广东省深圳市福田区人民法院依照《中华人民共和国公司法》第二十八条，《最高人民法院关于适用〈中华人民共和国公司法〉若干问题的规定（三）》第十三条第二款，《中华人民共和国民事诉讼法》第六十七条第一款，《最高人民法院关于民事执行中变更、追加当事人若干问题的规定》第十七条、第三十四条的规定，判决：驳回原告梅某、范某的诉讼请求。

两原告不服，提出上诉。

广东省深圳市中级人民法院经审理认为：现有证据无法证明梅某对第三人享有的债权客观属实。退一步讲，即使梅某对第三人确有投入并且已经转抵对第三人的出资，因公司注册资本对第三人产生商事登记法上的公示和公信效力，债转股兼有清偿债务和股权出资的双重性质，受到民法典及公司法的双重规制，既应当是真实合法有效的债权，又应当符合公司资本维持原则，弥补有限责任制度对股东有利、但对债权人保护不周的利益不平衡，如股东以对公司的债权出资而不增资，将违反公司资本维持原则，损害债权人利益。本案中，第三人的债务发生时间早于原告以债权出资的时间，在负有债务未清偿的情况时，原告的行为显然对债权人保护不利，该行为亦不能对抗被告债权的强制执行，梅某、范某仍应在未缴纳出资的范围内，对第三人的债务承担补充赔偿责任。

综上，一审判决认定事实清楚，适用法律正确，依照《中华人民共和国民事诉讼法》第一百七十七条第一款第一项之规定，判决：

驳回上诉，维持原判。

【法官后语】

本案系变更、追加被执行人异议之诉，也属于公司纠纷中股东损害债权人利益纠纷，涉及股东瑕疵出资责任的认定，主要的争议焦点在于股东对公司享有的债权是否能与股东尚未到位的注册资本抵销。就此问题，公司法及其司法解释并无明确规定，只在破产制度中涉及，即《最高人民法院关于适用〈中华人民共和国企业破产法〉若干问题的规定（二）》第四十六条第一项规定：债务人股东因欠缴债务人的出资或者抽逃出资对债务人所负的债务，主张与债务人对其负有的债务抵销，债务人管理人提出异议的，人民法院应予支持。在破产制度之外，能否类推适用该规则，目前司法实践裁判标准并不统一。笔者认为，在公司已存在到期债务且未清偿的情况下，股东不能以其对公司享有的债权抵销其对公司的出资义务。具体分析如下。

一、以债权抵销出资义务的逻辑前提

根据 2024 年 7 月实施的新《中华人民共和国公司法》第四十九条第一款规定，股东依法负有出资义务；同时，该条第三款还规定，股东违反出资义务时，应向公司承担出资违约责任。由此，股东出资期限届至后，公司即对股东享有请求履行出资义务的债权。在股东同时对公司享有合法有效债权的情况下，公司与股东系互负债务，根据民法典相关规定，可以进行抵销。另外，从《中华人民共和国公司法》第四十八条规定的股东出资形式来看，股东可以债权出资，而债权理应包括股东对公司的债权。由此亦可知，公司法允许股东以对公司的债权出资，即实质上包含允许股东以债务抵销的方式出资。

二、公司法对以债权抵销出资义务的特殊规则

股东以公司债权抵销出资，兼有债务抵销和缴纳出资的双重性质，因此不仅受民法典债务抵销规则的约束，还受公司法关于公司资本和公司治理规则的规制。一方面，公司作为团体组织，股东出资因抵销而发生出资形式、期限等的变动，须依公司法及公司章程规定，履行相应的公司内部决议程序，体现公司意志。由此，股东不得通过法定抵销方式以对公司债权抵销其出资义务，仅能适用民法典第五百六十九条规定的约定抵销规则。另一方面，无论2018年《中华人民共和国公司法》第二十七条还是修订后的公司法第四十八条均规定，股东以非货币财产出资的均应当履行评估作价的流程，即股东对公司享有的债权，亦应进行评估作价。

三、基于公司资本制度及债权人保护的特殊考量

公司作为法律拟制的人，以其独立财产对公司债务承担责任。公司的信用基础与公司债权人的担保皆系于公司财产。股东对公司所认缴的出资是公司财产的重要来源，虽然公司财产可能随公司经营产生变动，但由于公司外部债权人获取公司真实财务状况的能力有限，认缴注册资本依商事登记产生公示公信效力，成为公司偿债能力的信用基础，也是公司债权人信赖利益的基础。因此，公司法确立了资本维持等公司资本的基本原则，以弥补有限责任制度对股东有利、但对债权人保护不周的利益不平衡的问题。具体到股东以对公司债权抵销出资的情形，一方面，股东履行其出资义务是法定义务，而股东出资则是股东应交付给公司用于公司经营以及对公司全体债权人承担责任的特定目的财产；另一方面，股东对公司享有的债权，除法律另有规定外，与公司债权人对公司享有的债权并无不同，根据债的平等性原则，股东债权不应因抵销而获得优先受偿。也正因如此，在更为强调债权人保护和公平清偿的破产程序中，才不允许股东以其对债务人的债权抵销其出资义务。

四、股东以其对公司债权抵销出资义务应以公司不存在到期债务未清偿为前提

未进入破产程序的公司，可能存在三种情形，基于前述分析，应分别予以

认定处理：

情形一，公司经营状况良好，具备清偿能力。此种情况下，公司所负债务均能还清，股东以债权抵销出资义务与公司对其他债权人进行清偿不会发生冲突，故而抵销是应当允许的。

情形二，公司已资不抵债，如公司已经法院强制执行且穷尽措施无可供执行的财产等，但未申请破产的。此种情形下，可视为公司已经存在破产原因，当然可以类推适用破产法解释的规则。

情形三，公司存在到期债务未能清偿，清偿能力可能存在问题，公司财产无法清偿全部债务。此种情况下，不应允许股东以对公司债权抵销其出资义务。首先，在公司财产无法清偿全部债务时，债权的直接清偿与抵销清偿之间将存在差额，此时若允许将应当用于清偿全体债权人的股东欠缴出资与股东对公司的债权抵销，将会发生股东债权优先清偿的实际效果，不仅违反债的平等性原则，也会变相损害公司其他债权人的利益。其次，公司存在到期债务未清偿，则公司负债增加，净资产缩水，股东对公司享有的名义债权额与实际价值存在较大差异，此时如未经评估作价，允许股东以其对公司的名义债权额直接抵销出资义务，无异于认可股东以低于认缴出资金额的实际债权价值出资，不仅违反了公司资本维持原则，也违反了公司法关于非货币财产应当评估作价的规定。最后，部分裁判观点认为应以债权人的债权经生效判决确定或执行不能为认定股东不得抵销的时间节点，但笔者认为，股东作为公司内部成员，掌握公司资产负债情况，故基于内外有别的原则，应当对公司债权人提供更为充足的保护，将该时间节点认定至公司存在到期债务且未能清偿之时，可以有效防止股东利用其掌握的公司经营情况及资产负债情况，以债务抵销的方式逃避出资责任，损害债权人利益。

本案中，在某股份公司对某艺术公司享有的债权已经一审判决确定且二审判决即将作出的情况下，梅某、范某以梅某对某艺术公司的债权在未经评估作价的情况下抵销两人尚未实缴的出资，显然损害了作为债权人的某股份公司的利益，并后续导致其债权无法实际获得清偿，故梅某、范某仍应在未缴纳出资的范围内，对第三人的债务承担补充赔偿责任。

编写人：广东省深圳市福田区人民法院　刘舒婷

24

债务产生后被公司延长出资期限的股东不再享有出资期限利益

——罗某执行异议案

【案件基本信息】

1. 裁判书字号

重庆市第三中级人民法院（2023）渝03执异2号执行裁定书

2. 案由：执行异议

3. 当事人

申请执行人（异议人）：罗某

被申请人：刘某、周某荣、甘某某

被执行人：某商贸公司

【基本案情】

重庆市第三中级人民法院（以下简称执行法院）在执行申请执行人罗某与被执行人某商贸公司借款合同纠纷一案中，申请执行人罗某申请追加刘某、周某荣、甘某某为该执行案件的被执行人。

罗某称，申请执行人罗某与被执行人某商贸公司于2021年4月27日签署借款协议，因某商贸公司未按期履行借款协议下的还款义务，罗某向仲裁委员会申请仲裁。在此期间，三被申请人作为被执行人某商贸公司的股东，未积极履行缴纳出资义务，反而恶意串通延长出资期限，其主观目的就是逃避出资义务，损害了债权人的利益，故请求执行法院追加三被申请人为（2022）渝 03 执 364 号执行案件的被执行人。

【案件焦点】

债务产生后公司延长股东出资期限的相关股东是否还能继续享有出资期限利益。

【法院裁判要旨】

重庆市第三中级人民法院经审理认为：《最高人民法院关于民事执行中变更、追加当事人若干问题的规定》第十七条规定，作为被执行人的营利法人，财产不足以清偿生效法律文书确定的债务，申请执行人申请变更、追加未缴纳或未足额缴纳出资的股东、出资人或依公司法规定对该出资承担连带责任的发起人为被执行人，在尚未缴纳出资的范围内依法承担责任的，人民法院应予支持。2019 年 11 月 8 日发布并施行的《全国法院民商事审判工作会议纪要》中关于股东出资应否加速到期的规定指出："在注册资本认缴制下，股东依法享有期限利益。债权人以公司不能清偿到期债务为由，请求未届出资期限的股东在未出资范围内对公司不能清偿的债务承担补充赔偿责任的，人民法院不予支持。但是，下列情形除外：（1）公司作为被执行人的案件，人民法院穷尽执行措施无财产可供执行，已具备破产原因，但不申请破产的；（2）在公司债务产生后，公司股东（大）会决议或以其他方式延长股东出资期限的。"本案中，某商贸公司对罗某的债务在 2021 年 9 月 10 日还款期届满之日即产生。而三位被申请人作为公司股东认缴出资共计 500 万元，原认缴出资期限为 2020 年 8 月 3 日，某商贸公司虽于 2021 年 11 月 3 日修改了公司章程，延长三被申请人的认缴出资期限至 2035 年 12 月 30 日、2045 年 12 月 30 日，但某商贸公司延长该公司股东出资期限发生于该公司对罗某的债务产生之后。根据前述规定及相关规范文件之精神，在公司债务产生后，公司股东（大）会决议或以其他方式延长股东出资期限的，相关股东将不再享有出资期限利益，在某商贸公司不能清偿对罗某的到期债务时，应当在各自未出资范围内对相关债务承担补充赔偿责任。申请人罗某提出的追加三被申请人为被执行人的申请，符合法律规定，应予以支持。

重庆市第三中级人民法院依据《最高人民法院关于民事执行中变更、追加当事人若干问题的规定》第十七条之规定，裁定如下：

追加刘某、甘某某、周某荣为（2022）渝仲字第513号调解书的执行案件的被执行人，在未出资范围内，对（2022）渝仲字第513号仲裁调解书确定的某商贸公司应履行而未履行的债务承担补充赔偿责任。

【法官后语】

在注册资本认缴制下，股东按照公司章程规定的期限履行出资义务，并享有相应的期限利益，即在公司债务产生之前，股东无需提前出资或承担额外的责任。然而，一旦公司债务产生，公司股东（大）会决议延长出资期限，则意味着股东原本享有的期限利益被剥夺，需要在未出资范围内对公司债务承担补充赔偿责任。

一、出资期限利益的法律界定

出资期限利益通常被视为股东对公司的一种承诺和约定，即股东在承诺的期限内完成出资义务，同时享有在该期限内对出资的支配和使用权。这种权益的设立，旨在鼓励股东在设立公司时根据自身的经济实力和经营规划，合理安排出资时间和金额，从而确保公司的正常运营和发展。

因此，在法律上，当公司债务产生后，如果股东（大）会通过决议或其他方式延长股东出资期限，股东将不再享有原有的出资期限利益。这一规定旨在保护债权人的合法权益，防止公司通过延长股东出资期限来逃避债务责任。同时，也体现了法律对公司经营活动的监管和约束，确保公司经营的合法性和稳定性。

二、股东出资期限变化是基于保护债权人利益的原则

公司股东（大）会通过决议或以其他方式延长了股东的出资期限，那么这些股东将不再享有原本的出资期限利益。这一变化是基于保护债权人利益的原则。在公司债务产生后，如果允许股东通过延长出资期限来规避其出资责任，那么债权人的权益将无法得到保障。因此，最高人民法院在相关裁定中明确指出，在公司债务产生后，股东延长出资期限的行为将不再受到法律保护，股东需要按照变更后的期限履行出资义务。

此外，值得注意的是，如果股东在公司债务产生后将未届出资期限的股权转让给他人，并将出资期限延长，那么该股东仍需承担在未出资范围内对公司债务不能清偿部分的补充赔偿责任。这是因为，虽然股东已经将股权转让给他人，但其作为原股东时对公司债务所承担的责任并未因此免除。

三、股东出资期限利益丧失的情形

一是公司债务产生后延长出资期限。当公司债务产生后，若公司股东（大）会通过决议或其他方式延长了股东的出资期限，此时股东将不再享有原有的出资期限利益。这是因为，公司的债务已经存在，而股东作为公司的出资人，其出资应当用于清偿公司的债务。若股东在债务产生后通过延长出资期限的方式逃避出资义务，显然是不公平的，也是对债权人利益的一种侵害。

二是企业破产。企业破产是股东出资期限利益丧失的另一种重要情形。在企业破产的情况下，未到期的债权被视为到期，企业对债权人享有的期限利益即丧失。同样，股东未到期出资在企业破产后也视为到期，股东对企业所享有的期限利益亦丧失。这是因为，在企业破产的情况下，需要尽快清算企业的财产以偿还债务，而股东的出资是企业财产的重要组成部分，因此股东必须按照约定或法定的期限履行出资义务。

四、完善排除股东出资期限利益机制的建议

首先，明确法院排除股东出资期限利益的法定条件和程序，确保司法裁量的统一性和公正性。同时，应建立严格的审查机制，避免滥用司法权力对股东权益造成不当损害。其次，加强对股东出资义务的监督和管理，完善信息披露制度，确保股东按时足额履行出资义务。对于未能按期履行出资义务的股东，应依法追究其法律责任。此外，应建立股东出资期限利益排除的救济机制，允许被排除期限利益的股东通过法定途径寻求救济，如提起复议、上诉等。这有助于保障股东的合法权益，防止司法权力过度干预股东之间的自治。最后，加强司法人员的专业培训和素质提升，提高其对股东出资期限利益排除案件的审理能力和水平。同时，鼓励法学界和实务界加强对此类问题的研究和探讨，为完善相关法律制度提供理论支持和实践经验。

编写人：重庆市第三中级人民法院　汤智纲

五、特殊情况下的执行

25

抵押权预告登记后设立的租赁权无权要求“带租拍卖”

——冀某某执行异议案

【案件基本信息】

1. 裁判书字号

广西壮族自治区南宁市兴宁区人民法院（2023）桂0102执异63号执行裁定书

2. 案由：执行异议

3. 当事人

申请执行人：某银行广西某分行

被执行人：梁某

异议人（案外人）：冀某某

【基本案情】

2009年1月19日，梁某因购买房产需要向某银行广西某分行贷款47.3万元，为此双方签订《交通银行个人住房抵押贷款合同》，并用其购买的住房为借款提供抵押担保。2009年3月26日，梁某用案涉房屋办理《预购商品房抵押权预告登记》，某银行广西某分行为预告登记权利人。2013年10月11日，案涉房屋办理房屋他项权证，某银行广西某分行为房屋他项权利人。因梁某未按合同约定按时借款，某银行广西某分行将梁某诉至法院。广西壮族自治区南宁市兴宁区人民法院（以下简称兴宁区法院）作出（2015）兴民二初字第 1267 号民事判决书，判决梁某承担还款责任，某银行广西某分行对处分抵押房产所得价款享有优先受偿权。因梁某未履行生效判决所确定的义务，某银行广西某分行向兴宁区法院申请强制执行。

在执行过程中，兴宁区法院作出民事裁定拍卖梁某名下的南宁市西乡塘区心圩江东路 10 号盛天熙园的房产。冀某某以房产承租人身份提出执行异议，要求法院在房产拍卖过程中带租拍卖。

根据冀某某提交的证据载明：2011 年 3 月 4 日，梁某与冀某某签订《房屋租赁合同》，约定梁某将房产出租给冀某某，租赁期限 17 年，自 2011 年 3 月 4 日至 2028 年 3 月 4 日，总租金 17 万元、押金 3 万元，签合同当日支付租金 17 万元、押金 3 万元等。2011 年 3 月 4 日，冀某某向梁某银行账户转账 20 万元。2011 年 12 月 25 日，梁某与冀某某签订《房屋租赁合同》，约定梁某将案涉房产出租给冀某某，租赁期限 18 年，自 2028 年 3 月 5 日至 2046 年 3 月 5 日，总租金 18 万元、押金 8800 元，签合同当日支付租金 18 万元、押金 8800 元等。2011 年 12 月 25 日，冀某某向梁某银行账户转账 188800 元。

同时查明，经检索广西法院办案系统，冀某某与梁某因借款合同纠纷等案件在南宁市西乡塘区人民法院诉讼、执行。

【案件焦点】

抵押权预告登记后设立的租赁权是否可以排除执行。

【法院裁判要旨】

广西壮族自治区南宁市兴宁区人民法院经审理认为：首先，《中华人民共和国民法典》第二百二十一条第一款规定："当事人签订买卖房屋的协议或者签订其他不动产物权的协议，为保障将来实现物权，按照约定可以向登记机构申请预告登记。预告登记后，未经预告登记的权利人同意，处分该不动产的，不发生物权效力。”梁某因购买案涉房屋需要向某银行广西某分行申请贷款，并用其购买的房屋为借款办理抵押担保，为此办理《预购商品房抵押权预告登记》，某银行广西某分行为预告登记权利人，其享有的是当抵押登记条件成就或约定期限届满对梁某抵押房屋办理抵押权登记的请求权，并可排他性地对抗他人针对梁某抵押房屋的处分。梁某作为借款人，用案涉房产为借款提供抵押担保的意思表示是明确的，只是当时案涉房屋尚不具备不动产登记手续未能转化为正式的抵押登记，梁某为借款而向某银行广西某分行的抵押行为设立在前。

其次，根据《中华人民共和国民法典》第七百零五条规定，租赁期限不得超过 20 年。2009 年 1 月 19 日，梁某用案涉房屋为借款向某银行广西某分行提供抵押担保后，于 2011 年 3 月 4 日与冀某某签订《房屋租赁合同》，租赁期限 17 年，自 2011 年 3 月 4 日至 2028 年 3 月 4 日。2011 年 12 月 25 日，梁某与冀某某再次签订《房屋租赁合同》，租赁期限 18 年，自 2028 年 3 月 5 日至 2046 年 3 月 5 日。双方两次签订的租赁合同租赁期限达到 35 年，明显超过法律规定的最长期限，且两次租金均是一次性支付。结合梁某与冀某某之间涉及借款等事实，双方的租赁行为不符合常理，缺乏合理性。

最后，梁某未按抵押贷款合同的约定按时偿还贷款，某银行广西某分行将其诉至法院，判决生效后梁某等未履行生效判决所确定的义务，直至案件进行执行程序仍未清偿完案涉债务。为此某银行广西某分行行使抵押权处置案涉房屋，冀某某主张的长期租赁关系，阻碍了房产的处置及交付，可能影响不动产在拍卖、变卖过程中的可转换的价值，从而可能直接影响抵押权人可以通过执行程序实现的抵押权，清偿债务的可能性降低。若案涉房屋负担该租赁关系进行评估、拍卖，势必将会影响某银行广西某分行抵押权的实现，为此会严重贬损抵押权人的利益。综上，冀某某要求带租拍卖的请求不能成立，应不予支持。

依照《中华人民共和国民事诉讼法》第二百三十四条，《最高人民法院关于适用〈中华人民共和国民事诉讼法〉的解释》第四百六十三条第一款第一项，《最高人民法院关于人民法院民事执行中拍卖、变卖财产的规定》第二十八条第二款的规定，裁定如下：

驳回异议人冀某某的异议请求。

【法官后语】

在不动产强制执行过程中，抵押权人在实现抵押权时常常会涉及抵押不动产的拍卖处置，不动产存在的抵押权和租赁权的冲突也十分常见。租赁人依据“买卖不破租赁”“抵押不破租赁”来主张其自身权利，要求在拍卖中“带租拍卖”或者停止拍卖，意图阻止法院的拍卖交付行为，但也存在被执行人与租赁人恶意串通、虚构租赁关系来阻止法院执行。不动产拍卖处理结果涉及抵押权人、承租人、被执行人等多方利益，因租赁权的设立较为隐秘，其识别较为困难。

一、不动产强制执行中抵押权与租赁权冲突的处理原则

《中华人民共和国民法典》（以下简称《民法典》）第四百零五条规定：“抵押权设立前，抵押财产已经出租并转移占有的，原租赁关系不受该抵押权的影响。”《最高人民法院关于人民法院民事执行中拍卖、变卖财产的规定》第二十八条第二款规定：“拍卖财产上原有的租赁权及其他用益物权，不因拍卖而消灭，但该权利继续存在于拍卖财产上，对在先的担保物权或者其他优先受偿权的实现有影响的，人民法院应当依法将其除去后进行拍卖。”上述法律规范明确了在抵押权与租赁权发生冲突的情况下，以权利设立时间作为判断依据，以保护设立在先权利作为处理原则。在涉及不动产强制执行中，具体为：一是抵押权设立时间晚于租赁权。在拍卖中租赁关系仍然存在，这便是“买卖不破租赁”“抵押不破租赁”。执行法院认定“带租拍卖”后，在拍卖成交后执行法院不能要求承租人对租赁物转移占用使用。买受人对拍卖财产的使用要受限于租赁期限的约定。二是抵押权设立时间早于租赁权。在拍卖中不带租拍卖，租赁权不能对抗抵押权。若租赁权影响了抵押权的实现，法院应当依法将其除去后进行拍卖。

二、抵押权预告登记效力对抗租赁权的类推适用

前述讨论的抵押权是已经经过正式登记设立的情形下，其与租赁权发生冲

突可以直接适用相应的法律规范进行判断处理。而与在抵押权预告登记之后本登记之前形成的租赁权发生冲突如何处理，并无法律直接规定。

《民法典》第二百二十一条第一款规定："当事人签订买卖房屋的协议或者签订其他不动产物权的协议，为保障将来实现物权，按照约定可以向登记机构申请预告登记。预告登记后，未经预告登记的权利人同意，处分该不动产的，不发生物权效力。"以及《最高人民法院关于适用〈中华人民共和国民法典〉物权编的解释（一）》第四条规定："未经预告登记的权利人同意，转让不动产所有权等物权，或者设立建设用地使用权、居住权、地役权、抵押权等其他物权的，应当依照民法典第二百二十一条第一款的规定，认定其不发生物权效力。"预告登记不能发生物权变动效果，但可以对权利人对不动产的处分权进行限制。抵押权预告登记是正式登记无法办理时，当事人保障其将来所取得的抵押权而办理的临时登记，在于具备办理抵押登记时预告登记权利人具有排他效力的请求权。预购商品房抵押办理主要步骤为：抵押权预告登记—建筑物竣工验收交付办理首次登记—购房人办理所有权登记—银行办理抵押权正式登记。在此期间存在一些不确定风险因素，特别是租赁权的设立比较随意和隐秘，给执行财产处置工作带来极大的障碍。

具体到本案，2009 年 3 月 26 日，梁某用案涉房屋办理《预购商品房抵押权预告登记》，某银行广西某分行为预告登记权利人。2013 年 10 月 11 日，案涉房屋办理房屋他项权证，某银行广西某分行为房屋他项权利人。而根据冀某某提供的证据，其与梁某于 2011 年 3 月 4 日签订租赁合同。从时间点上看抵押权正式登记时间晚于租赁权的设立时间，如果将正式登记时间点作为判断标准，好像可以构成"带租拍卖"，但对于一个已经设立长期租赁具有居住性质的不动产，势必会影响拍卖成交及抵押权的实现，这对于经过预告登记的抵押权人来说违背公平原则。

抵押权溯及力及顺位效力的合法原则。《最高人民法院关于适用〈中华人民共和国民法典〉有关担保制度的解释》第五十二条第一款规定："当事人办理抵押预告登记后，预告登记权利人请求就抵押财产优先受偿，经审查存在尚未办理建筑物所有权首次登记、预告登记的财产与办理建筑物所有权首次登记时的财产不一致、抵押预告登记已经失效等情形，导致不具备办理抵押登记条件的，人民法院不予支持；经审查已经办理建筑物所有权首次登记，且不存在预告登记失效等情形的，人民法院应予支持，并应当认定抵押权自预告登记之日起设立。”在正常情形下，办理抵押权登记需要进行相应的权属转换登记。特别是抵押的建筑物尚未建成的，办理抵押权预告登记后，应在具备抵押登记条件之日起九十日内办理抵押登记，否则预告登记失效。为避免当事人诉累，上述司法解释规定在诉讼中对具备抵押登记条件时，且预告登记仍在有效期内，可以认定抵押权的成立，此时抵押权的设立时间为预告登记之日，将抵押权本登记的效力溯及至预告登记之日，保证其顺位效力，自然预告登记之日之后对不动产的处分行为不具有对抗性。据此，在抵押权预告登记之后本登记之前形成的租赁权与抵押权发生冲突的，前述条款的适用可以类推到本案的处理具有合法性，应该赋予抵押权更高的对抗效力。本案中，首先，梁某向某银行广西某分行借款并用房产提供抵押担保，某银行广西某分行为预告登记权利人，条件成就后某银行广西某分行办理正式抵押登记手续。梁某抵押登记行为发生在前，某银行广西某分行属于善意相对人，其合法利益应该得到保护，应该对其抵押权赋予其顺位效力。其次，从租赁权设立情况来看也存疑，在前述期间内梁某又与冀某某在极短时间内签订两次租赁合同，其租赁期限合计长达35年，明显超过法律规定最长20年的期限，租金也是一次性支付，结合二人已经涉及其他纠纷的事实，不排除双方恶意串通损害本案执行的情形，双方的租赁行为不符合常理，缺乏合理性。法院并未认定案涉不动产“带租拍卖”，裁定作出后，各方均未提起诉讼。

编写人：广西壮族自治区南宁市兴宁区人民法院　王星

26

案涉知识产权进入无效程序后，执行案件可视情适用“履行保证金”制度

——北京某发展公司诉成都某科技公司侵害外观设计专利权案

【案件基本信息】

1. 裁判书字号

北京市第一中级人民法院（2023）京01执1771号执行裁定书

2. 案由：侵害外观设计专利权纠纷

3. 当事人

申请执行人：北京某发展公司

被执行人：成都某科技公司

【基本案情】

北京某发展公司与成都某科技公司侵害外观设计专利权纠纷案，北京市高级人民法院于2023年11月9日作出终审判决，判令被告成都某科技公司自判决生效之日起十日内向原告北京某发展公司赔偿经济损失及合理支出共计人民币7万元。判决生效后，因被告成都某科技公司未履行相应义务，原告北京某发展公司申请强制执行，北京市第一中级人民法院（以下简称北京一中院）于2023年12月20日立案执行。

执行中，被执行人成都某科技公司于2023年12月25日向执行法院表示，其在审理过程中已经向国家知识产权局申请案涉专利无效。经查，案涉两项专利，其中一项外观设计专利在进入执行前已被国家知识产权局宣告全部无效；另外一项外观设计专利在执行立案后不久也被国家知识产权局宣告全部无效。

执行法院将上述情况告知申请执行人北京某发展公司，北京某发展公司表示将会在法定期限内对国家知识产权局作出的两份无效决定提起行政诉讼；而被执行人成都某科技公司则向执行法院申请中止执行。

【案件焦点】

被执行人成都某科技公司请求法院中止执行的申请是否应得到支持。

【法院裁判要旨】

北京市第一中级人民法院经审理认为：在知识产权侵权纠纷中，部分案件在进入执行前或执行中（未执行完毕的），义务人或第三人已向知识产权行政管理机关申请无效审查，或知识产权行政管理机关已经作出宣告无效决定、当事人决定提起行政诉讼的，执行法院可以依申请或依职权中止执行，但案件将处在“进退两难”的尴尬境地。如果机械地将执行实施案件适用中止执行，受行政诉讼、民事再审诉讼程序影响，执行案件将长期挂账。更重要的是，如果义务人是上市公司、A 级纳税人、专精特新“小巨人”等高新技术企业或创新型企业，其作为被执行人的信息将长期对外公布或银行账户、相关资产被查封冻结，可能对其招投标、融资贷款等正常经营活动产生不可逆转的影响，令其企业信用受损。

为充分保护双方当事人的合法权益，从善意文明执行的理念出发，北京一中院在知识产权侵权执行案件中，全国首创“履行保证金”制度。在本案中，北京一中院在与双方当事人进行充分沟通的基础之上，决定先行冻结并扣划全部案款至法院账户作为履行保证金，暂不发还申请执行人；待申请执行人就宣告案涉专利无效的行政行为提起行政诉讼，且终审判决作出后，法院再行决定该笔履行保证金是发还申请执行人或是退还被执行人。在行政诉讼审理期间，法院对执行实施案件先行结案，且不对被执行人采取其他强制措施以及限制高消费、纳入失信名单等信用惩戒措施；同时，依据被执行人的申请，法院向被执行人出具了《信用修复证明》，最大限度减轻对被执行人商业信用的影响。判决如下：

原民事判决书终结执行。

【法官后语】

“履行保证金”工作机制，是指人民法院在知识产权民事侵权案件执行中，发现被执行人已经向知识产权主管部门申请案涉知识产权无效或无效决定已作出、申请执行人提起行政诉讼的，可据此要求被执行人先行支付“履约保证金”且暂不发还申请执行人，待后续知识产权行政管理机关的决定生效或终局裁决作出后，再行处理案款的制度。其间，执行案件可先行终结执行，且不对被执行人采取强制执行措施、信用惩戒措施，依申请出具《信用修复证明》恢复被执行人企业信用。“履行保证金”制度在依法保障胜诉当事人合法权益、维护执行权威和司法公信力的同时，把“强制”与“善意”相结合，实现平等保护双方当事人合法权益、最大程度上降低强制执行对被执行人经营活动的影响的良好效果，为完善产权制度，优化营商环境。

北京市第一中级人民法院履行保证金制度的主要做法有。

第一，加强释明引导，查明全案事实。在知识产权侵权纠纷执行案件中，执行依据作出法院、执行实施法院、知识产权行政管理机关作出决定的审查法院往往不为同一家法院。如果义务人或第三人不及时、主动说明案涉知识产权无效审查的情况，执行实施法院无法查知相关案件进展。在知识产权侵权纠纷执行案件中，北京市第一中级人民法院在向申请执行人送达《举报财产责任书》、向被执行人送达《执行通知书》《报告财产令》《风险提示》等材料、统查财产的基础上，向双方当事人送达《情况告知书》，要求当事人围绕“是否已申请案涉知识产权无效审查”“是否已经就知识产权行政管理机关的审查决定提起行政诉讼”作出书面说明并提交相应证据材料，进而查明全案事实，防止出现执行错误。

第二，明确审查程序，确保规范适用。一是履行保证金制度的适用范围。根据相关法律规定，对于申请执行前、执行中（包括以终本、终结方式结案但尚未实际执行完毕的案件），义务人或第三人已经向知识产权行政管理机关（专利复审委或商评委）申请无效审查的，或知识产权行政管理机关已经作出宣告无效决定、当事人决定提起行政诉讼的，执行法院可以依申请或依职权中止执行。在此种情形下，执行法院可适用“履行保证金”制度。二是被执行人申请先将相关案款转入执行法院或由第三人提供存款担保，且申请执行人同意，执行法院应当适用“履行保证金”制度。三是相关执行实施案件先行终结结案，并屏蔽被执行人相关信息。案款暂不发还申请执行人，待后续知识产权行政管理机关的决定生效或终局裁决作出后，再行向申请执行人或被执行人发放案款。

第三，秉持善意文明，保护企业信用。执行法院决定在知识产权民事执行侵权案件适用“履行保证金”制度的，不得再查封被执行人的财产，已控制的财产可以解除查封、扣押，亦不得对被执行人采取信用惩戒措施。执行法院可依申请出具《信用修复证明》恢复被执行人企业信用。上市公司、A级纳税人、属于有效期内的专精特新“小巨人”等且未被列入经营异常、未被其他案件列入限制高消费、失信名单的被执行人，提出适用“履行保证金”制度的，执行法院应当在收到其申请材料的五日内快速审查。

适用履行保证金制度应当注意的三个方面：

第一，明确适用类型，加强前端识别。与执行担保起到的暂缓执行作用不同，“履行保证金”制度的设置是为了缓解知识产权侵权纠纷与知识产权宣告无效之间存在的紧张关系，避免因长期等待行政机关或司法机关进一步确认案涉知识产权的权利基础而对被执行人造成的利益损害。故在执行立案时，立案庭应当加强前端识别，对于知识产权民事侵权执行案件进行重点标记，以便执行部门在收案后第一时间查明全案事实。

第二，加强沟通协调，提高执行效率。“履行保证金”缴纳后、结案前，执行法院可向双方当事人出具《通知书》，明确告知其权利义务、及时报告相关案件进展。待终局裁决作出后，双方当事人均可向执行法院申请恢复执行、发放案款；相关案件由知识产权专业执行团队继续办理，以提高执行效率、快速解决后续工作，减轻当事人沟通成本。

第三，加强事后监管，及时兑现权益。“履行保证金”款项将滞留在法院账户中，可能会引发一定的管理问题和廉政风险。因此，要加强对执行案款的执后监管，尤其是对执行案款的监管。执行法院应当要求双方当事人提供收款账户信息等，及时询问当事人、跟进相关案件进展，依据终局结果，第一时间确定“履行保证金”的发还对象并快速发还，缩短案款发还时间、减轻企业的资金占用成本。

编写人：北京市第一中级人民法院　崔丹妮　刘方宏

27

案外人执行异议之诉中物权期待权与抵押权冲突的裁判路径

——张某诉王某、杨某案外人执行异议案

【案件基本信息】

1. 裁判书字号

北京市第一中级人民法院（2023）京01民终5402号民事判决书

2. 案由：案外人执行异议

3. 当事人

原告（被上诉人、执行案外人）：张某

被告（上诉人、申请执行人）：王某

被告（被执行人）：杨某

【基本案情】

2012年6月23日，杨某与张某签订房屋买卖合同，杨某将案涉房屋出售给张某。2012年6月至2015年11月，张某向杨某支付购房款共计33.5万元，剩余房款19.5万元未支付。庭审中，张某表示愿依法将该款交付法院执行部门。2012年7月21日，杨某将涉案房屋交付张某，张某一家一直居住至今。

2018年12月23日，杨某取得涉案房屋产权证，但未告知张某。经张某询

问，杨某表示愿向张某支付违约金，不再出卖201室房屋。张某对此予以拒绝。2019年2月15日，杨某与案外人王某签订主债权及房屋抵押合同，向王某借款80万元，将201室房屋抵押给王某作为担保并于次日办理了抵押登记。担保债权数额80万元。

2019年1月17日，张某以房屋买卖合同纠纷为案由将杨某诉至北京市大兴区人民法院（以下简称大兴法院）。2020年12月25日，大兴法院作出（2019）京0115民初26031号民事判决，内容为："一、杨某于本判决生效后十日内给付张某违约金30000元；二、驳回张某的其他诉讼请求。"该判决书作出后，双方均未上诉，现已生效。

2021年5月17日，北京市海淀区人民法院作出（2021）京0108民初14917号民事调解书，对王某与杨某民间借贷纠纷一案，确认双方当事人自愿达成如下协议："一、被告杨某于2022年5月15日之前分期向原告王某偿还借款本金78.4万元、2021年5月17日之前的利息1.6万元和后续利息（以尚欠借款本金为基数，按照年利率3.06%的标准，自2021年5月18日起计算至实际还清之日止）。"具体的还款时间和金额为："于2021年6月15日之前偿还借款本金3.4万元和前期利息1.6万元，于2021年9月15日之前偿还借款本金15万元，于2022年5月15日之前偿还剩余借款本金60万元及后续利息（以尚欠借款本金为基数，按照年利率3.06%的标准，自2021年5月18日起支付至实际还清之日止）；二、原告王某对被告杨某名下的房屋拍卖、变卖后的价款在上述全部债务范围内享有优先受偿权；三、若被告杨某未按期足额履行上述第一条确定的任何一期还款义务，则全部债权加速到期，原告王某有权就剩余全部债权立即向法院申请强制执行；四、上述协议第一条履行完毕后，原告王某与被告杨某之间的民间借贷关系即行解除，双方就本案再无任何纠纷。"该案审理期间，法院对案涉房屋予以保全查封。该调解书生效后，王某向法院申请强制执行。该院立案执行。执行过程中，张某提交书面异议申请书，要求该院对案涉房屋停止执行。法院作出（2022）京0108执异541号执行裁定书，裁定驳回张某的异议请求。

张某遂提起本案诉讼，请求法院判决：停止对本案涉房屋的执行。

【案件焦点】

张某对案涉房屋是否享有足以排除强制执行的民事权益。

【法院裁判要旨】

北京市海淀区人民法院经审理认为：依据《最高人民法院关于人民法院办理执行异议和复议案件若干问题的规定》第二十八条的规定，在案涉房屋首次查封前张某与杨某已经签订该房屋的买卖合同，且张某一家自 2012 年 7 月 21 日起至今居住于该房屋；张某已经将双方约定的房款 53 万元中的 33.5 万元交付杨某，并当庭表示愿意将余款 19.5 万元交付法院执行部门；张某未办理房屋的过户手续非因其自身原因，而是因杨某将房屋抵押给王某，导致不能办理过户手续。因此，可以认定张某享有对案涉房屋的物权期待权，且该权利足以对抗王某因债权而对案涉享有的抵押权，能够排除执行。

北京市海淀区人民法院判决如下：

一、停止执行案涉房屋；

二、原告张某于本判决生效之日起十日内向本院执行部门交纳剩余房款 19.5 万元。

王某不服，提出上诉。北京市第一中级人民法院经审理认为：对案外人的执行异议，需对案外人是否享有足以排除强制执行的民事权益进行实质审查，作出是否支持案外人异议请求的判断。

本案中，张某对涉案房屋享有物权期待权，王某对案涉房屋享有抵押权，当两种权利产生冲突，应综合考量双方权利的性质、权利取得有无过错以及权利产生的先后时间等因素，对何种权利应优先保护作出判断。首先，关于双方权利的性质。张某一家一直居住涉案房屋至今。张某基于合同享有的一般债权即转化为对案涉房产的物权期待权。此时张某对案涉房产所享有的权利虽尚不属于民法典意义上的物权（所有权），但已具备了物权的实质性要素，张某可以合理预期通过办理不动产登记将该物权期待权转化为民法典意义上的物权

(所有权)；而且该基于占有产生的权利亦应受民法典有关占有制度的保护。张某以家庭为单位在本市并无其他房产，案涉房屋系其唯一住房，对该房屋的占有使用，是为了满足居民基本生活需求，涉及人的基本生存权益的保护。故该物权期待权具有优先于一般债权保护的权利基础。而抵押权属于担保物权。在债务人不履行到期债务或者发生当事人约定的实现抵押权的情形下，抵押权人有权就抵押财产优先受偿。本案中，王某与杨某签订主债权及房屋抵押合同，并于次日办理了抵押登记。王某享有的抵押权亦优先于一般债权受偿。其次，从权利取得有无过错角度看，张某在案涉房屋的买卖过程中并无过错。杨某将案涉房屋抵押给他人，是违约行为。生效判决认定王某在与杨某办理借款和设立抵押及抵押登记前，也查明了案涉房屋权属以及没有其他权利负担，履行了注意义务。最后，从权利取得的时间先后来看，张某对案涉房屋享有的物权期待权早于王某的抵押权。

王某对案涉房屋享有抵押权、张某对案涉房屋享有物权期待权，均优于一般债权，张某在缔约、履约过程中均无过错，其物权期待权是为了满足基本生活需要，保障基本生活权益，且张某取得物权期待权的时间早于王某取得抵押权的时间。被上诉人张某合法取得并实际占有的房产，因出卖人杨某的违约行为而处于一种权利待定的状态，设立在后的抵押权阻碍了其物权期待权的实现。法律赋予特定情形下不动产买受人以特殊法律保护，其目的即在于保护善意购房人的生存利益，以维护公平的社会秩序和交易安全。张某已享有足以排除强制执行的民事权益，其对案涉房产享有的物权期待权应优先保护。

北京市第一中级人民法院依照《中华人民共和国民事诉讼法》第一百七十七条第一款第一项之规定，作出如下判决：

驳回上诉，维持原判。

【法官后语】

一、本案能否直接适用《最高人民法院关于人民法院办理执行异议和复议案件若干问题的规定》第二十八条的规定

本案情形符合《最高人民法院关于人民法院办理执行异议和复议案件若干

问题的规定》第二十八条规定，在此不加赘述。但本案能否直接适用《最高人民法院关于人民法院办理执行异议和复议案件若干问题的规定》第二十八条，亦即，《最高人民法院关于人民法院办理执行异议和复议案件若干问题的规定》第二十八条是否系《最高人民法院关于人民法院办理执行异议和复议案件若干问题的规定》第二十七条①中所规定的除外情形，法律和司法实务中尚有争议。

部分观点认为，《最高人民法院关于人民法院办理执行异议和复议案件若干问题的规定》第二十七条中的除外情形，不包括该规定第二十八条。而持相反观点者认为，《最高人民法院关于人民法院办理执行异议和复议案件若干问题的规定》第二十七条中的除外情形，包括该规定第二十八条。针对该问题，实务中亦存在很大分歧。笔者认为，《最高人民法院关于人民法院办理执行异议和复议案件若干问题的规定》作为执行程序中规范“执行异议和复议案件”的司法解释，原则上应仅适用于执行程序，但基于执行异议之诉与执行程序之间的关联性和共通性，在针对执行异议之诉具体审查标准的法律或者司法解释出台前，执行异议之诉案件可参照适用《最高人民法院关于人民法院办理执行异议和复议案件若干问题的规定》的相关规定，对案外人享有的民事权益是否足以排除强制执行进行审查认定。但是，若《最高人民法院关于人民法院办理执行异议和复议案件若干问题的规定》相关条款能否适用案涉纠纷在理论和实务中存在较大争议，当事人对此问题的认识亦存在较大分歧并各有理据的情况下，应回归执行异议之诉的本质，基于案件具体情况对案外人是否享有足以排除强制执行的民事权益进行实质审查，并依据《最高人民法院关于适用〈中华人民共和国民事诉讼法〉的解释》第三百一十条第一款关于“对案外人提起的执行异议之诉，人民法院经审理，按照下列情形分别处理：（一）案外人就执行标的享有足以排除强制执行的民事权益的，判决不得执行该执行标的；（二）案外人就执行标的不享有足以排除强制执行的民事权益的，判决驳回诉讼请求”

---

① 《最高人民法院关于人民法院办理执行异议和复议案件若干问题的规定》第二十七条规定，申请执行人对执行标的依法享有对抗案外人的担保物权等优先受偿权，人民法院对案外人提出的排除执行异议不予支持，但法律、司法解释另有规定的除外。

的规定作出是否支持案外人异议请求的判断。

故本案应依据《最高人民法院关于适用〈中华人民共和国民事诉讼法〉的解释》第三百一十条第一款的规定，对案外人张某的异议请求能否支持作出裁判。

二、判断何种权利优先保护应考量的因素

当案外人对不动产享有的物权期待权与申请执行人对不动产享有的抵押权产生冲突时，本案的观点是，应综合考量双方权利的性质、权利取得有无过错以及权利产生的先后时间等因素，对何种权利应优先保护作出判断。

法律赋予特定情形下不动产买受人以特殊法律保护，其目的即在于保护善意购房人的生存利益，以维护公平的社会秩序和交易安全。在具体的案件审理中，应综合考量双方权利的性质、权利取得有无过错以及权利产生的先后时间等因素，对何种权利应优先保护作出裁判。实务界对《最高人民法院关于人民法院办理执行异议和复议案件若干问题的规定》相关条款的理解存在争议，且对条文的具体的规定如“非因自身原因”，本身在判断上也容易出现偏差。《全国法院民商事审判工作会议纪要》对一般买受人与抵押权人的关系也没有明确的意见。基于以上种种，笔者认为，为避免裁判尺度的不统一，立法者有必要对该问题加以明确，如对物权登记、公示制度加以完善，提高物权期待权的“物权”属性，使物权期待权的功能得以发挥。

编写人：北京市第一中级人民法院　尤頔　赵思宇

28

被告人的合法财产部分在退赔被害人时则不具有优先性

——东甲案外人执行异议案

【案件基本信息】

1. 裁判书字号

江苏省南通市中级人民法院（2023）苏06执复47号执行裁定书

2. 案由：案外人执行异议

3. 当事人

复议申请人（异议人）：东甲

被执行人：东某

【基本案情】

江苏省南通市海门区人民法院在对东某犯非法吸收公众存款罪中涉财产部分执行过程中，于2022年10月26日作出（2022）苏0684执2419号通知书，告知案外人东甲本院在执行被执行人东某罚金、追缴违法所得一案中，提取了被执行人东某在江苏省启东市人民法院（2022）苏0681执2734号案件中的案款进行分配，因被执行人东某在执行中同时承担刑事责任及民事责任，其退赔集资参与人的损失部分优先于其他民事债权予以执行，无剩余财产参与分配，故本次分配中东甲无法分得案款。东甲提出书面异议称，被执行人东某欠付其劳务报酬，提起诉讼要求支付报酬，2022年7月20日江苏省南通市海门区人民法院作出民事裁定，裁定东某支付所欠东甲劳务工资91873元。故案外人东甲请求，江苏省南通市海门区人民法院提取被执行人东某在江苏省启东市人民法院的案款16015759.43元优先支付给案外人东甲91873元。

【案件焦点】

东甲的债权能否参与本案的分配。

【法院裁判要旨】

江苏省南通市海门区人民法院经审理认为：执行财产涉及非法集资刑事案件涉案财物的，按照《最高人民法院 最高人民检察院 公安部关于办理非法集资刑事案件若干问题的意见》第九条第四款规定，退赔非法集资参与人的损失部分，应当优先于其他民事债权以及罚金、没收财产予以执行。仍有剩余的，用于参与分配。《最高人民法院关于刑事裁判涉财产部分执行的若干规定》第十三条界定了被执行人财产的分配顺序，即在刑事裁判涉财产部分与民事案件同时执行的情况下，退赔被害人的损失应优先于支付其他民事债务。本院执行部门提取的案款金额尚不足以退赔刑事案件中被害人的全部损失，无剩余部分用于其他民事债权人的分配。而案涉异议人的债权并不享有优先权，也不存在财产保全措施，故异议人东甲的异议请求并无法律依据，法院不予支持。

江苏省南通市海门区人民法院依照《中华人民共和国民事诉讼法》第二百三十二条，《最高人民法院关于人民法院办理执行异议和复议案件若干问题的规定》第十七条之规定，裁定如下：

驳回案外人东甲提出的异议请求。

东甲不服执行裁定，提出复议。江苏省南通市中级人民法院经审理认为：《最高人民法院关于刑事裁判涉财产部分执行的若干规定》系最高人民法院对于刑事裁判涉财产部分执行的司法解释，主要解决的是在刑事案件执行中涉财产部分处理原则和方法，同时涉及刑事处罚与民事责任时的执行顺位。该执行顺位是刑事涉案财物的处理规定，如不是涉案财产，在被执行人个人的财产不足以清偿刑事被害人的损失和民事债务时，应当按照民事执行分配制度执行。本案中，东甲作为东某的债权人申请参与分配，法院应当首先确定执行款的性质，然后依法审查东甲是否符合参与分配的资格，而不应直接以本案中执行款项不足以退赔集资参与人的损失为由准许不予参与分配。

江苏省南通市中级人民法院依照《最高人民法院关于人民法院办理执行异

议和复议案件若干问题的规定》第二十三条第二款之规定，裁定如下：

一、撤销南通市海门区人民法院（2023）苏 0613 执异 1 号执行裁定；

二、本案发回南通市海门区人民法院重新审查。

【法官后语】

“执行难”一直是困扰法院的难题，其中刑事裁判涉财产部分执行问题更为棘手。刑事判决中退赔被害人损失与一般民事债权发生竞合的情形多见于非法吸收公众存款罪、集资诈骗罪等扰乱社会市场经济秩序的犯罪中，在法院生效判决进入强制执行程序之后，被执行人的财产往往无法足额清偿所有债务，此时退赔被害人损失与一般民事债权的优先顺位就发生冲突，为此，2014 年 10 月最高人民法院出台《最高人民法院关于刑事裁判涉财产部分执行的若干规定》（以下简称《涉刑财产执行规定》），对涉刑财产执行进行规范，以回应现实需求。

《涉刑财产执行规定》第十三条对涉刑财产的执行顺序作出具体规定，但关于退赔被害人损失与民事债务的执行顺位问题，仍然争议不止。从理论上来说，“退”的部分以赃款赃物的追缴为前提，追缴的对象是违法所得，用特定的财物发还特定的受害对象，具有明确的针对和指向，故刑事追缴优先于其他民事债务具有一定的合理性。有疑问的是，“赔”是指赃款赃物退还不足后，以被执行人个人合法财产予以赔偿，故理论上“赔”的部分并不具备优先于其他民事债务的基础，执行标的物应按债权的一般原则进行分配，否则容易造成合法债权人在最后的执行分配中因劣后受偿而未分配到任何财产。有关部门也意识到了这个问题的凸显性，如《最高人民法院、最高人民检察院、公安部关于办理非法集资刑事案件若干问题的意见》第九条第四款，进一步明确规定退赔集资参与人的损失一般优先于其他民事债务以及罚金、没收财产的执行，专门突出“一般”二字，由于相关体系解释和法律适用逻辑并不明确，造成司法中仍然存在执行退赔顺位的实践困惑。

换言之，按照物权优于债权，债权之间具有平等性的原则，对于追缴的违法所得部分在退赔被害人时可优先于一般债权，但对于被告人的合法财产部分在退赔被害人时则不具有优先性。主要理由如下：其一，责令退赔本质上属于民事责任的范畴。民事诉讼调整的是平等主体之间的人身和财产民事法律关系，目的是解决民事纠纷、保护民事权益、维护民事实体法律；刑事诉讼是国家机关依照法定程序追究犯罪的活动，调整的是刑事法律关系，目的是查明犯罪事实、惩罚犯罪、维护刑事实体法律。民事诉讼程序与刑事诉讼程序虽然属于不同的法律制度，各自规范和调整范围不同，但是二者经常存在交叉，特别是在非法集资案件中更为明显。而对于二者所涉的财产权问题实质上属于同等权益，应当受到平等保护。因此，责令退赔实际上与其他民事债权具有同种属性，二者在参与执行财产分配时应当享有同一顺位。其二，责令退赔在于尽快修复被侵害的社会关系。从司法实践情况来看，“退赔”包含“退”和“赔”两部分，“退”是指将追缴的赃款赃物（含转化物及收益）退还给受害人，“赔”是指赃款赃物退还不足后，以被执行人个人合法财产予以赔偿。可见，责令退赔的财产在刑法上的评价，不但包括已经查控在案的违法所得，还包括需要继续追缴的违法所得以及用于执行退赔责任的被告人其他合法财产等内容。实践中，对于赃款赃物用来优先退赔集资参与人的损失当然不存在异议，但如果是被执行人的个人合法财产，民事债权人的合法财产权利受到侵害时同样需要得到修复与平等保护，故民事债权人应当享有与作为被害人身份的集资参与人同等顺位按比例受偿的权利。

本案审理的切入点在于，在退赔被害人损失与民事债务的执行顺位上，首先需先确定执行款的性质，如执行款属于赃款赃物，则优先退还给被害人，若执行款非刑事案件案涉财产，那么民事债权人享有与被害人共同进行参与分配的资格。

编写人：江苏省南通市海门区人民法院　王钰莹

29

被执行人名下合伙企业财产份额的执行规则

——董某某执行异议案

【案件基本信息】

1. 裁判书字号

最高人民法院（2024）最高法执监 121 号执行裁定书

2. 案由：执行异议

3. 当事人

申请执行人：吉林某投资公司

被执行人：北京某投资公司、丁某某

异议人（复议申请人）：董某某

【基本案情】

吉林某投资公司与北京某投资公司、丁某某股权转让纠纷一案，北京市高级人民法院作出的（2021）京民终 794 号判决已经发生法律效力。吉林某投资公司向北京市第三中级人民法院（以下简称北京三中院）申请强制执行，该院于 2022 年 1 月 25 日立案执行。执行中，该院对被执行人北京某投资公司持有的某某有限合伙企业出资额 20290500 元的普通合伙人份额（以下简称案涉合伙份额）予以评估、拍卖。二拍流拍后，申请执行人吉林某投资公司同意以第二次拍卖保留价 63071360 元抵偿债务。2023 年 3 月 16 日，该院作出（2022）京 03 执 179 号之二执行裁定，终结本案本次执行程序。

2023 年 5 月 29 日，某商事服务局根据北京三中院（2022）京 03 执 179 号之一执行裁定及协助执行通知，将案涉合伙份额及相关权益过户至吉林某投资公司名下并予公示。

2023年6月1日，某商事服务局向某某有限合伙企业及有限合伙人作出《提醒函》称，根据合伙企业法第六十一条第二款“有限合伙企业至少应当有一个普通合伙人”的规定，因北京某投资公司所持份额被人民法院强制执行，提醒该合伙企业如有新的普通合伙人应在作出变更决议之日起30日内向该局申请变更登记；否则，依据合伙企业法第七十五条“有限合伙企业仅剩有限合伙人的，应当解散”的规定，应依法向该局申请注销登记。

后因吉林某投资公司在内的全体合伙人无法协商选定新的民事主体担任某某有限合伙企业的普通合伙人，且无法就解散某合伙企业并启动清算分配达成一致意见，吉林某投资公司依据合伙企业法第六十一条、第八十五条等规定以“无普通合伙人的状态达到30日”为由申请对某某有限合伙企业强制清算。2023年8月30日，珠海中院作出（2023）粤04清申10号民事裁定：受理吉林某投资公司对某某有限合伙企业进行清算的申请。

董某某系某某有限合伙企业的有限合伙人之一，对北京三中院上述拍卖、抵债的执行行为提出异议，即本案。

【案件焦点】

执行法院可否在某某有限合伙企业的其他合伙人未购买且未同意对外转让被执行人北京某投资公司持有的该企业名下的财产份额的情况下，对该财产份额采取公开拍卖等执行措施。

【法院裁判要旨】

北京市第三中级人民法院经审理裁定如下：驳回异议人董某某的异议请求。

董某某不服，申请复议。

北京市高级人民法院经审查认为：《中华人民共和国合伙企业法》第四十二条规定，合伙人的自有财产不足清偿其与合伙企业无关的债务的，该合伙人可以以其从合伙企业中分取的收益用于清偿；债权人也可以依法请求人民法院强制执行该合伙人在合伙企业中的财产份额用于清偿。人民法院强制执行合伙人的财产份额时，应当通知全体合伙人，其他合伙人有优先购买权；其他合伙人未购买，又不同意将该财产份额转让给他人的，依照本法第五十一条的规定为该合伙人办理退伙结算，或者办理削减该合伙人相应财产份额的结算。第五十一条规定，合伙人退伙，其他合伙人应当与该退伙人按照退伙时的合伙企业财产状况进行结算，退还退伙人的财产份额。退伙人对给合伙企业造成的损失负有赔偿责任的，相应扣减其应当赔偿的数额。退伙时有未了结的合伙企业事务的，待该事务了结后进行结算。上述规定是基于合伙企业是两个以上合伙人为了共同的事业目的，以订立共享利益、共担风险协议为基础而设立的经营方式或组织体，合伙人之间的合作系建立在对彼此人身高度信赖的基础之上，故合伙企业具有高度的人合性；合伙人财产份额体现了合伙人对合伙企业财产所占的比重，也表明其合伙人身份；合伙人财产份额的转让，不仅是合伙企业的重要事务，还涉及合伙企业合伙人的变更，直接影响着合伙企业存续的基础。因此，人民法院在执行合伙人与合伙企业无关的债务的案件中，如需对合伙人在合伙企业中的财产份额强制执行，则应当严格按照上述规定进行。

本案中，被执行人北京某投资公司未履行生效判决确定的义务，吉林某投资公司有权向北京三中院申请强制执行其在某某有限合伙企业中的财产份额。但应注意到，该案涉合伙份额属于某某有限合伙企业的唯一普通合伙人持有的合伙企业财产份额。北京三中院在强制执行上述案涉合伙份额时，应依法保护其他合伙人的优先购买权及合伙事务权等合伙人权利，即只有在其他合伙人未购买且均同意对外转让的情况下，才可对案涉合伙份额采取公开拍卖等执行措施；其他合伙人未购买又不同意将该财产份额转让给他人的，应按照《中华人民共和国合伙企业法》第五十一条的规定办理。结合在案证据，北京三中院系在未征得其他合伙人同意对外转让案涉合伙份额的情况下，径行拍卖案涉合伙份额并在流拍后作出以物抵债裁定，该执行行为不符合《中华人民共和国合伙企业法》第四十二条的规定，北京三中院针对案涉合伙份额所作出的以物抵债裁定应予撤销。

北京市高级人民法院依照《最高人民法院关于人民法院办理执行异议和复议案件若干问题的规定》第二十三条第一款第二项之规定，作出（2023）京执复302号执行裁定：

一、撤销北京市第三中级人民法院（2023）京03执异50号执行裁定；

二、撤销北京市第三中级人民法院（2022）京03执179号之一执行裁定，发回北京市第三中级人民法院重新作出执行行为。

吉林某投资公司不服，提出申诉。最高人民法院经审理认为：

第一，合伙企业法第七十四条规定适用于人民法院强制执行有限合伙人的财产份额的情形。而本案中，北京某投资公司是某有限合伙企业的唯一普通合伙人，案涉合伙份额系普通合伙人的财产份额，而非有限合伙人的财产份额；

第二，本案中，合伙企业的其他部分合伙人不仅未主张优先购买权，而且还向人民法院提出异议要求停止处置案涉合伙份额，其实质是不同意对外转让案涉合伙份额。依照上述条款规定，这种情况下，执行法院应当责令其他合伙人为被执行人吉林某投资公司办理退伙结算。但是，执行法院仍然两次网络司法拍卖，流拍后又径行通过以物抵债方式强制处置案涉合伙份额并作出以物抵债裁定，显然违反了《中华人民共和国合伙企业法》第四十二条的规定。北京高级人民法院适用《中华人民共和国合伙企业法》第四十二条规定否定以物抵债裁定，适用法律并无不当。综上，最高人民法院裁定如下：

驳回吉林某投资公司的申诉请求。

【法官后语】

人民法院执行被执行人的责任财产，应当严格遵循强制执行程序的相关规定，以确保胜诉当事人合法权益的及时高效兑现。但以效率作为其最高遵循，并不意味着强制执行可不受实体法既有规则的约束。人民法院在强制执行过程中应当注意与实体法秩序保持协调，尊重实体法的基本精神和具体规则。究其原因：一是因为实体法规范才是民商事主体进行民商事活动所遵循的基础规范，强制执行法律规范调整的只是例外情形；二是如果进入执行程序后即可改变非执行法规范施加于自身的不利影响，那么这样的制度安排很有可能诱发债务人通过虚构强制执行的情形，从而取得在非执行法规范调整下无法获取的利益，由此产生道德风险；三是除双方当事人外，强制执行还可能涉及第三人，该第三人在实体法规范下本应享有的合法权益不应因强制执行而受到损害。

合伙企业是两个以上合伙人为了共同的事业目的，以订立共享利益、共担风险协议为基础而设立的经营方式或组织体。普通合伙人对合伙企业的债务承担无限连带责任，凸显了合伙企业的人合性，而有限合伙人以其认缴的出资额为限对合伙企业债务承担责任，突出了有限合伙企业的资合性。《中华人民共和国合伙企业法》第四十二条第二款、第五十一条第一款规定了强制执行普通合伙人在合伙企业的财产份额的执行方法。相比较《中华人民共和国合伙企业法》第七十四条，法律对普通合伙人和有限合伙人在合伙企业的财产份额分别规定了不同的执行方法，前者以经其他合伙人同意对外转让为处置要件，后者不以经其他合伙人同意对外转让为处置要件。具体到案件中，合伙企业的其他部分合伙人不仅未主张优先购买权，而且还向人民法院提出异议要求停止处置案涉合伙份额，其实质是不同意对外转让案涉合伙份额。这种情况下，执行法院通过以物抵债方式强制处置案涉合伙份额并作出以物抵债裁定，显然违反了《中华人民共和国合伙企业法》第四十二条的规定。此外，某合伙企业虽是股权投资基金企业，具有较强的资合性特点，但企业的经营范围并不能否定该企业作为有限合伙企业的企业性质，不能否定该企业具有的人合性。上述判断观点被最高人民法院（2024）最高法执监121号执行裁定认可。

特别需要执行实施案件实务中加以注意的，最高人民法院还在该监督裁定中延伸阐明，根据《中华人民共和国民法典》第九百六十七条、第九百六十九条的规定，合伙财产属于合伙人共有的财产。而关于涉案合伙企业份额的强制执行，可以参照适用《最高人民法院关于人民法院民事执行中查封、扣押、冻结财产的规定》第十二条第二款、第三款关于共有财产的强制执行规定进行操作，即如果其他合伙人在合理期限内未完成退伙结算或者完成的退伙结算明显违法、损害申请执行人利益的，人民法院应当准许申请执行人代位提起有关退伙结算的司法程序，为人民法院对普通合伙人在有限合伙企业中的财产份额的执行释明了路径。

编写人：北京市高级人民法院　杨林　熊诗岚

30

子女与父母签订的赡养协议明显不利于父母生活保障，且父母对协议不予认可的，不能免除子女的法定赡养义务

——赵某乙执行异议案

【案件基本信息】

1. 裁判书字号

北京市第三中级人民法院（2023）京03执复208号执行裁定书

2. 案由：执行异议

3. 当事人

申请执行人：赵某甲

被执行人（异议人）：赵某乙

【基本案情】

赵某甲系赵某乙之母，赵某甲与赵某乙赡养纠纷一案，北京市顺义区人民法院于2019年12月30日作出（2019）京0113民初30016号民事判决载明：赵某乙每月给付赵某甲赡养费400元、保姆费1200元。判决生效后，赵某乙未按期履行法律义务。2023年2月23日，赵某甲向法院申请执行，要求赵某乙支付2021年3月至2023年2月的保姆费、赡养费共计38400元。法院依法立案执行，案号为（2023）京0113执2078号。执行过程中，法院冻结了赵某乙名下的银行账户。

异议人赵某乙称：2021年8月2日，我和赵某甲签订了《服务协议》，约定由我照顾赵某甲的生活，赵某甲免除我的赡养费及保姆费。因我要照顾孩子上学，要求赵某甲随行至某小区一起生活，遭到拒绝后，我于2023年2月11

日离开。另外，我在2021年8月2日已给付4000元保姆费。综上，通过《服务协议》的约定及已给付的保姆费已履行了赵某甲所主张2021年3月至2023年2月的保姆费、赡养费，故请求法院解除对我银行账户冻结措施，并撤销执行案件。

申请执行人赵某甲称：不同意赵某乙的异议申请，我不认可赵某乙提交的《服务协议》，因我年事已高，协议内容没有征得我同意，我的其他子女对协议内容也均不知情。协议内容违背生活常识，且不符合（2019）京0113民初30016号民事判决的要求。关于赵某乙所提的4000元保姆费，实则是我让赵某乙从我账户里取钱支付给保姆的，不是赵某乙自己的钱。

经查，赵某甲申请执行时已81岁高龄，其有三个子女，因赡养问题诉至法院，法院作出由三个子女分别承担赵某甲生活费、保姆费等费用的判决。后因履行问题，双方未能协商一致。执行阶段，赵某乙提出异议，提交了其与赵某甲签订的《服务协议》，载明："赵某乙自2021年8月2日至老人百年，赵某乙承担一般家务、老人护理服务，赵某甲支付赵某乙辛苦费3000元/月，赵某甲放弃赵某乙在照顾赵某甲期间应给付的生活费400元/月、保姆费1200元/月。"

【案件焦点】

子女与父母签订的赡养协议明显不利于父母生活保障且父母对该协议不予认可，该子女未能提供充分证据证明赡养协议系父母真实意思表示，其他子女对该协议亦不知情的，能否仅凭协议内容免除子女赡养义务。

【法院裁判要旨】

北京市顺义区人民法院经审理认为：当事人、利害关系人认为执行法院的执行行为违反法律或司法解释规定的，可以向执行法院提出书面异议。生效法律文书确定的义务，当事人必须履行。一方面，《中华人民共和国老年人权益保障法》第二十条规定，经老年人同意，赡养人之间可以就履行赡养义务签订协议。赡养协议的内容不得违反法律的规定和老年人的意愿。本案中，赵某乙负有赡养赵某甲的法定义务，其应给付赡养费、保姆费的数额已经由本院生效判决所确认，赵某乙应依此履行。赵某乙与赵某甲签订的《服务协议》，实则系赡养协议，赵某乙称签订《服务协议》时，只有其和赵某甲两人，其打印好协议后向赵某甲宣读，让赵某甲签字摁手印，现赵某甲不予认可。与此同时，该协议的签订过程中其他子女均不知晓，协议内容中承担一般家务、老人护理服务的同时免除赵某乙在照顾赵某甲期间应给付的生活费 400 元/月、保姆费 1200 元/月，且赵某甲需向赵某乙支付辛苦费 3000 元/月的赡养内容亦明显违背生活常识，该协议内容明显不利于老年人的生活保障。另一方面，赡养老人不仅是子女应尽的法定义务，更是中华民族的传统美德和新时代核心价值观的具体体现。作为子女虽赡养能力各有不同，但对父母尽孝之心不应有所保留，不仅应在经济上提供必要的生活保障，在精神上、情感上也要进行关心和抚慰，妥善加以照顾，使老人能够安享晚年。综上考量，异议人依据该《服务协议》免除给付赡养费、保姆费的主张，本院不予支持。另赵某乙关于已支付 4000 元保姆费的主张，因未提交证据证明且赵某甲不予认可，本院亦不予支持，对赵某乙的异议请求，应予驳回。

北京市顺义区人民法院裁定如下：

驳回异议人赵某乙的异议请求。

赵某乙不服该裁定，提起复议。北京市第三中级人民法院经审理认为，赵某乙的异议理由无相关法律依据，裁定如下：

驳回复议申请人赵某乙的复议请求，维持北京市顺义区人民法院（2023）京 0113 执异 255 号执行裁定。

【法官后语】

孝敬父母是中华民族的传统美德，父母年老后，由于劳动能力退化、健康问题频出，最是需要子女从经济、心理等多方面进行照顾。对此，针对老有所养的社会保障问题法律已进行了全面的规定。《中华人民共和国民法典》第二十六条第二款规定："成年子女对父母负有赡养、扶助和保护的义务。"第一千零六十七条第二款规定："成年子女不履行赡养义务的，缺乏劳动能力或者生活困难的父母，有要求成年子女给付赡养费的权利。"《中华人民共和国老年人权益保障法》第十四条第一款规定："赡养人应当履行对老年人经济上供养、生活上照料和精神上慰藉的义务，照顾老年人的特殊需要。"但现实生活中，多子女家庭由于异地工作、经济情况等因素，难以从行动、金钱方面对父母提供同等品质的照顾，为此子女与父母之间通过订立赡养协议化解矛盾的情况较为常见。

根据《中华人民共和国老年人权益保障法》第二十条规定："经老年人同意，赡养人之间可以就履行赡养义务签订协议。赡养协议的内容不得违反法律的规定和老年人的意愿。基层群众性自治组织、老年人组织或者赡养人所在单位监督协议的履行。"合法有效的赡养协议应当满足以下三个条件：第一，赡养协议的订立必须经老年人同意。由于老年人各方面身体机能减退，所以不能简单机械地以赡养协议上有老年人签字即视为该协议已取得老年人同意。第二，赡养协议的具体内容需符合老年人的真实意思表示，故在签订赡养协议时，较为合理的协议过程应有基层组织或居委会人员现场见证或进行公证，多子女的为避免另起纠纷所有子女均应在场，确保协议后期的顺利履行。第三，赡养协议的内容不得违反法律规定。赡养义务是强制性的法定义务，不能通过订立赡养协议的形式免除赡养义务。本案中，赵某乙提交的《服务协议》中不仅免除了其应当支付给赵某甲的赡养费、保姆费义务，相反作为年迈母亲的赵某甲还应支付赵某乙每月辛苦费3000元，明显不利于赵某甲的生活保障。另该赡养协议的签订过程无第三人现场见证，现赵某甲对协议内容上的意思表示不予认可，赵某乙未能提供相关证据证明该协议签订过程的真实情景，综合该协议的签订过程以及对协议内容进行实质考量，法院未采纳赵某乙的异议是适当的。

编写人：北京市顺义区人民法院　王海龙　刘霞

31

公司注册资本减少是否构成追加股东为被执行人情形的认定

——于某、徐某诉山东某环保材料有限公司追加、变更被执行人异议之诉案

【案件基本信息】

1. 裁判书字号

山东省淄博市中级人民法院（2023）鲁03民终661号民事判决书

2. 案由：追加、变更被执行人异议之诉

3. 当事人

原告（上诉人）：于某、徐某

被告（被上诉人）：山东某环保材料有限公司（以下简称某环保公司）

第三人：某物资有限公司（以下简称某物资公司）

【基本案情】

某银行诉徐某、于某、李某、何某、某物资公司、某经贸公司、某环保公司金融借款合同纠纷一案，法院受理后于2021年4月20日作出（2021）鲁0303民初4130号民事判决：（1）某物资公司向某银行偿还银行承兑汇票敞口800万元，并支付利息（按合同约定标准计算）；（2）某环保公司、徐某、于某、李某、何某对第一项承担连带清偿责任，各自履行保证责任后可向某物资公司追偿；（3）某银行对所有坐落于某区房产拍卖、变卖所得价款享有优先受偿权，抵押权实现后，某经贸公司可向某物资公司追偿。该判决生效后，某银行向法院申请强制执行800万元及相应利息、诉讼费用等，执行案号为（2021）鲁0303执1939号。法院裁定终结本次执行程序后，又恢复执行，执行

案号为（2022）鲁0303执恢450号。2022年6月21日，法院出具（2022）鲁0303执恢450号结案通知书，通知某银行申请执行的（2021）鲁0303民初4130号民事判决书已全部执行完毕，并向某环保公司出具开票日期为2021年11月12日过付款金额为350000元的山东省资金往来结算票据一张、开票日期为2021年11月22日过付款金额为335000元的山东省资金往来结算票据一张、开票日期为2021年11月22日过付款金额为500000元的山东省资金往来结算票据一张、开票日期为2021年12月13日过付款金额为3505072.45元的山东省资金往来结算票据一张、开票日期为2022年1月21日过付款金额为2494927.55元的山东省资金往来结算票据一张、开票日期为2021年11月12日过付款金额为228650.84元山东省资金往来结算票据一张、开票日期为2022年4月29日过付款金额为4171746.23元的山东省资金往来结算票据一张，以上过付款共计8600397.07元。

某环保公司遂以某物资公司为被执行人向法院申请强制执行，要求被执行人支付代偿款600万元及利息等。法院立案案号为（2022）鲁0303执1014号。

某银行诉某物资公司、某经贸公司、徐某、于某、某环保公司、李某、何某金融借款合同纠纷一案，法院于2021年5月6日立案，于同年6月10日作出（2021）鲁0303民初4663号民事判决：（1）某物资公司向某银行偿还银行承兑汇票垫款4789571.87元、利息14379.5元（利息计算截至2021年2月23日）以及自2021年2月24日至垫款实际还清之日的利息（按合同约定标准计算）；（2）某环保公司、徐某、于某、李某、何某对第一项承担连带清偿责任；某环保公司、徐某、于某、李某、何某在承担连带责任后，其有权向某物资公司追偿；（3）某银行对某经贸公司所有坐落于某区房产拍卖、变卖所得价款享有优先受偿权；某经贸公司在承担抵押担保责任后，其有权向某物资公司追偿。某银行向法院申请强制执行，执行案号为（2021）鲁0303执3029号。法院裁定终结本次执行程序后，又恢复执行，执行案号为（2022）鲁0303执恢178号。同年3月28日，法院出具（2022）鲁0303执恢178结案通知书，通知某银行申请执行的（2021）鲁0303民初4663号民事判决书已全部执行完毕。

2022 年 1 月 17 日，某环保公司以某物资公司为被执行人向法院申请强制执行，执行案号为（2022）鲁 0303 执 129 号。同年 6 月 29 日，法院裁定终结本次执行程序。

某银行诉某物资公司、某经贸公司、徐某、于某、某环保公司、李某、何某金融借款合同纠纷一案，法院于 2021 年 5 月 6 日立案，并于同年 6 月 10 日作出（2021）鲁 0303 民初 4664 号民事判决：（1）某物资公司向某银行偿还银行承兑汇票敞口 490 万元，并支付至实际还清之日产生的利息（按合同约定标准计算）；（2）某环保公司、徐某、于某、李某、何某对第一项承担连带清偿责任；某环保公司、徐某、于某、李某、何某在承担连带责任后，其有权向某物资公司追偿；（3）某银行对某经贸公司所有坐落于某区房产拍卖、变卖所得价款享有优先受偿权；某经贸公司在承担抵押担保责任后，其有权向某物资公司追偿。某银行向法院申请强制执行，执行案号为（2021）鲁 0303 执 3099 号。法院裁定终结本次执行程序后，又恢复执行，执行案号为（2022）鲁 0303 执恢 174 号。

某物资公司向法院提出执行异议，请求法院依法查明事实，依法终止（2022）鲁 0303 执 129 号案件的执行。2022 年 8 月 24 日，法院作出（2022）鲁 0303 执异 128 号执行裁定：驳回某物资公司的异议请求。某物资公司不服，遂向山东省淄博市中级人民法院申请复议。山东省淄博市中级人民法院作出（2022）鲁 03 执复 171 号执行裁定书，裁定驳回某物资公司的异议请求，维持一审法院（2022）鲁 0303 执异 128 号异议裁定。

某环保公司向一审法院申请追加于某、徐某为被执行人，一审法院受理后，于 2022 年 8 月 24 日作出（2022）鲁 0303 执异 129 号执行裁定书，裁定追加于某、徐某为被执行人；徐某应在裁定书生效后十日内在抽逃资金 4900 万元的范围内就某物资公司对某环保公司所应承担的债务承担连带清偿责任；于某应在裁定书生效后十日内在抽逃资金 100 万元的范围内就某物资公司对某环保公司所应承担的债务承担连带清偿责任。

于某、徐某遂向一审法院提出执行异议之诉，请求撤销追加于某、徐某为被执行人，并解除查封扣押冻结等执行措施。

某物资公司成立于1994年12月23日，后经多次工商登记变更，直至2016年11月20日，某物资公司增资3000万元，由新增股东即徐某认购，出资期限为2024年11月31日前。至此，公司注册资本变更为6000万元，黄某认缴500万元（已实缴），于某甲认缴2500万元（已实缴1750万元，待缴750万元），徐某认缴3000万元（已实缴0元，待缴3000万元）。

2018年8月13日，黄某与于某甲退出公司，黄某将所持500万元股权转让给新增股东即于某，于某甲将所持有的2500万元股权转让徐某。至此，公司注册资本变更为6000万元保持不变，于某认缴500万元（已实缴）；徐某认缴5500万元，认缴出资时间为2024年12月31日，已实缴1750万元，尚有3750万元未至认缴出资时间。

2021年9月3日，某物资公司在《鲁中晨报》报纸上刊登了减资公告，并作出说明：根据公司编制的资产负债表及财产清单，公司对外债务为0元。至2021年10月25日，公司已向要求清偿债务或提供担保的债权人清偿了全部债务或提供了相应的担保。未清偿的债务，由公司继续负责清偿，并由高青某建材销售有限公司在法律规定的范围内提供相应的担保，但未提供证据证实已将某银行诉其三案的债务清偿完毕。

2021年10月，某物资公司注册资本由6000万元减少至1000万元，减资后徐某认缴600万元，已实缴600万元，于某认缴400万元，已实缴400万元。现原告向法院起诉，请求：（1）撤销追加于某、徐某为被执行人，并解除查封扣押冻结等执行措施；（2）案件受理费由某环保公司承担。

【案件焦点】

公司注册资本减少是否构成追加股东为被执行人情形的认定。

【法院裁判要旨】

山东省淄博市张店区人民法院经审理认为：《最高人民法院关于民事执行中变更、追加当事人若干问题的规定》第十七条规定，作为被执行人的企业法人，财产不足以清偿生效法律文书确定的债务，申请执行人申请变更、追加未缴纳或未足额缴纳出资的股东、出资人或依公司法规定对该出资承担连带责任的发起人为被执行人，在尚未缴纳出资的范围内依法承担责任的，人民法院应予支持。第十八条规定，作为被执行人的企业法人，财产不足以清偿生效法律文书确定的债务，申请执行人申请变更、追加抽逃出资的股东、出资人为被执行人，在抽逃出资的范围内承担责任的，人民法院应予支持。根据《全国法院民商事审判工作会议纪要》第六条的规定，被申请人认缴但尚未实缴的出资应当加速到期，应在尚未缴纳出资的范围内依法承担责任。本案中，某环保公司向人民法院申请强制执行后，某物资公司被查扣的资产已不能清偿涉案债务。人民法院也未发现某物资公司有其他财产可供执行，某物资公司已具备破产原因，股东的出资应当加速到期，因此徐某应对其认缴的 3750 万元出资加速到期。同时，根据《中华人民共和国公司法》第一百七十七条的规定，在公司符合减资条件的情况下，应当履行法定程序，确保公司债权人有机会在公司责任财产减少之前维护债权。这是减资行为对债权人发生法律效力的必要条件，也是股东在减资范围内免责的必要条件。某物资公司明知对外负有大额外债未清偿，却在报纸上刊登公告声称“公司已向要求清偿债务或提供担保的债权人清偿了全部债务或提供了相应的担保”，并公告称“未清偿的债务，由公司继续负责清偿”。根据《最高人民法院关于适用〈中华人民共和国公司法〉若干问题的规定（三）》第十二条之规定，公司成立后，公司、股东或者公司债权人以相关股东未经法定程序将出资抽回，且损害公司权益为由，请求认定该股东抽逃出资的，人民法院应予支持。本案中，某物资公司减资时，有徐某和于某两名股东，该股东在明知负有大额债务未清偿的情况下作出减资前无任何债务的虚假承诺，应属于抽逃出资的行为，降低了公司偿债能力，应依法在减资的范围内向债权人承担责任，因此徐某应在抽逃 4900 万元的出资范围内、于某应在抽逃 100 万元的出资范围内承担责任。综上所述，某环保公司申请追加于某、徐某为被执行人，并对某物资公司的债务承担连带责任，符合法律及司法解释的规定。据此，依照《最高人民法院关于民事执行中变更、追加当事人若干问题的规定》第十七条、第十八条、第三十三条之规定，判决：驳回于某、徐某的诉讼请求。

于某、徐某不服，提起上诉。山东省淄博市中级人民法院经审理认为：经查明，一审法院在执行（2022）鲁 0303 执 1014 号申请人某环保公司与被执行人某物资公司金融借款合同纠纷一案中，某环保公司申请追加徐某、于某为被执行人。后一审法院作出（2022）鲁 0303 执异 129 号执行裁定书，裁定追加于某、徐某为被执行人，徐某应在裁定书生效后十日内在抽逃资金 4900 万元的范围内就某物资公司对某环保公司所应承担的债务承担连带清偿责任；于某应在裁定书生效后十日内在抽逃资金 100 万元的范围内就某物资公司对某环保公司所应承担的债务承担连带清偿责任。徐某、于某认为（2022）鲁 0303 执异 129 号执行裁定书事实认定错误、法律适用错误，应当撤销追加，遂向一审法院提起本案追加、变更被执行人异议之诉。

关于减资行为中是否存在股东抽逃资金行为或减资行为是否实质上构成抽逃出资问题。本案中，某物资公司减少的出资既包括徐某、于某已实缴的出资（徐某 1150 万元、于某 100 万元），也包括徐某认缴但尚未缴纳的注册资本（3750 万元）；关于某物资公司减少徐某认缴但尚未缴纳的注册资本是否构成抽逃出资问题，抽逃出资的前提是股东已实际出资，而针对某物资公司减少的徐某认缴但尚未缴纳的注册资本，因该部分并未实际缴纳，不应类推适用股东抽逃出资的法律规定。对于某物资公司减少徐某、于某已实缴的注册资本，结合减资前后某物资公司作为被执行人无财产可供执行及徐某、于某提供减资前后某物资公司公户资金交易明细初步证明该部分减资没有发生资产流动仅为形式减资的情形，在无相反证据证明该部分减资导致公司资产实际减少、股东获得相应分配利益、公司偿债能力降低、债权人利益实际受损的情况下，亦不应类推适用股东抽逃出资的法律规定。关于本案是否符合出资加速到期条件、应否依照《最高人民法院关于民事执行中变更、追加当事人若干问题的规定》第十七条股东“在尚未缴纳出资的范围内依法承担责任”的规定追加徐某为被执行人问题。某物资公司减资时，仅有徐某、于某两名股东，当时某银行已就三份生效判决确定的某物资公司偿还某银行相关款项的义务申请强制执行，且徐某、于某与某环保公司同为该三份生效判决确定的连带保证责任人，据此可知，某物资公司及徐某、于某在减资时明知公司负有大额债务未清偿，某银行为公司直接债权人。徐某、于某上诉主张某物资公司减资时某环保公司对其并不享有合法债权，但此时某环保公司已基于连带保证责任人身份因某物资公司债务被一审法院采取保全措施，明显为承担连带责任后可向某物资公司追偿的潜在债权人。根据《中华人民共和国公司法》第一百七十七条规定，公司减少注册资本应当履行法定程序并通知债权人，债权人有权要求公司清偿债务或者提供相应担保。而某物资公司及徐某、于某未向某环保公司履行通知义务，使某环保公司失去了要求某物资公司清偿债务或者提供相应担保的可能，势必严重影响其债权实现；在注册资本认缴制下，为保障债权人利益不因瑕疵减资受到侵害，一审依据《中华人民共和国公司法》第一百七十七条规定认定“确保公司债权人有机会在公司责任财产减少之前维护债权是减资行为对债权人发生法律效力的必要条件”，无不当。即可以针对特定债权人在个案中否定公司减资的法律效力，以恢复公司减资前的偿债基础。因此，对于某环保公司而言，其所信赖的某物资公司注册资本非减资后的 1000 万元，仍是减资前的 6000 万元。该 6000 万元中，虽尚有 3750 万元未到出资期限，但某物资公司作为被执行人，人民法院穷尽执行措施无财产可供执行，且徐某、于某认可 2020 年底到现在某物资公司没有任何生产经营活动，故一审认定某物资公司已具备破产原因，股东的出资应当加速到期，无不当。在认定出资加速到期的情形下，徐某应认定为属于《最高人民法院关于民事执行中变更、追加当事人若干问题的规定》第十七条中“未足额缴纳出资的股东”，据此在（2022）鲁 0303 执 1014 号执行案件中应追加徐某为被执行人；根据《最高人民法院关于适用〈中华人民共和国公司法〉若干问题的规定（三）》第十三条第二款“公司债权人请求未履行或者未全面履行出资义务的股东在未出资本息范围内对公司债务不能清偿的部分承担补充赔偿责任的，人民法院应予支持”之规定，徐某应在 3750 万元未缴纳出资范围内对涉案某物资公司债务承担补充赔偿责任。如前所述，对于某物资公司减少的徐某、于某已实缴的注册资本（徐某1150万元、于某100万元），现初步证据证明系形式减资，且该减资不构成亦不涉及法定追加情形，某环保公司亦非基于该减资（系基于抽逃出资）主张追加。综上所述，于某、徐某的上诉请求部分成立。据此，判决如下：

一、撤销一审民事判决；

二、不得在（2022）鲁0303执1014号执行案件中追加于某为被执行人；

三、追加徐某为（2022）鲁0303执1014号执行案件的被执行人，徐某在3750万元未缴纳出资范围内就某物资公司对某环保公司所应承担的债务承担补充清偿责任。

【法官后语】

本案主要涉及公司注册资本减少是否构成追加股东为被执行人情形的认定。

执行程序中追加公司股东为被执行人，应当严格遵守法定主义原则，即追加被执行人时，限于法律、司法解释明确规定的情形，避免随意扩大变更、追加范围。但审理过程中，除适用《最高人民法院关于民事执行中变更、追加当事人若干问题的规定》相关条款外，还需要适用实体法的相关规定，对减资过程中是否存在股东抽逃资金行为及是否符合出资加速到期条件进而存在未足额缴纳出资情形进行实质性审查。

首先，关于公司注册资本减少过程中股东是否存在抽逃出资行为审查，《最高人民法院关于适用〈中华人民共和国公司法〉若干问题的规定（三）》第十二条规定："公司成立后，公司、股东或者公司债权人以相关股东的行为符合下列情形之一且损害公司权益为由，请求认定该股东抽逃出资的，人民法院应予支持：(一) 制作虚假财务会计报表虚增利润进行分配；(二) 通过虚构债权债务关系将其出资转出；(三) 利用关联交易将出资转出；(四) 其他未经法定程序将出资抽回的行为。"根据该规定，抽逃出资是指股东向公司履行出资义务后，又通过违法手段将出资抽回，但仍保留股东身份和原有出资额的行为。抽逃出资的前提是股东已实际出资，对于认缴但尚未缴纳的注册资本，因该部分并未实际缴纳，不应类推适用股东抽逃出资的法律规定。对于已实缴的注册资本，在无相反证据证明该部分减资导致公司资产实际减少、股东获得相应分配利益、公司偿债能力降低、债权人利益实际受损的情况下，亦不应类推适用股东抽逃出资的法律规定。

《中华人民共和国公司法》第五十四条规定，公司不能清偿到期债务的，公司或者已到期债权的债权人有权要求已认缴出资但未达出资期限的股东提前缴纳出资。股东出资义务加速到期的前提是公司到期债务不能清偿，股东出资义务加速到期并不是剥夺了股东出资期限利益，而是在债权人的利益保护与股东的期限利益保护冲突情形下，当特殊条件成就时，股东就不能继续无限制享有期限权益，应提前履行出资义务，承担出资责任，避免债权人的利益遭受损害。《最高人民法院关于民事执行中变更、追加当事人若干问题的规定》第十七条规定，作为被执行人的营利法人，财产不足以清偿生效法律文书确定的债务，申请执行人申请变更、追加未缴纳或未足额缴纳出资的股东、出资人或依公司法规定对该出资承担连带责任的发起人为被执行人，在尚未缴纳出资的范围内依法承担责任的，人民法院应予支持。

本案中，某物资公司减资时，仅有徐某、于某两名股东；当时某银行已就三份生效判决确定的某物资公司偿还某银行相关款项的义务申请强制执行，且徐某、于某与某环保公司同为该三份生效判决确定的连带保证责任人，据此可知，某物资公司及徐某、于某在减资时明知公司负有大额债务未清偿，某银行为公司直接债权人。徐某、于某上诉主张某物资公司减资时某环保公司对其并不享有合法债权，但此时某环保公司已基于连带保证责任人身份因某物资公司债务被一审法院采取保全措施，明显为承担连带责任后可向某物资公司追偿的潜在债权人。而某物资公司及徐某、于某未依据《中华人民共和国公司法》规定向某环保公司履行通知义务，使某环保公司失去了要求某物资公司清偿债务或者提供相应担保的可能，势必严重影响其债权实现；在注册资本认缴制下，为保障债权人利益不因瑕疵减资受到侵害，确保公司债权人有机会在公司责任财产减少之前维护债权是减资行为对债权人发生法律效力的必要条件。因此，对于某环保公司而言，其所信赖的某物资公司注册资本非减资后的1000万元，仍是减资前的6000万元。该6000万元中，虽尚有3750万元未到出资期限，但某物资公司作为被执行人，人民法院穷尽执行措施无财产可供执行，且徐某、于某认可2020年底到现在某物资公司没有任何生产经营活动，故可以认定某物资公司已具备破产原因，股东的出资应当加速到期。在认定出资加速到期的情形下，徐某应认定为属于《最高人民法院关于民事执行中变更、追加当事人若干问题的规定》第十七条中“未足额缴纳出资的股东”，据此在（2022）鲁0303执1014号执行案件中应追加徐某为被执行人；根据《最高人民法院关于适用〈中华人民共和国公司法〉若干问题的规定（三）》第十三条第二款“公司债权人请求未履行或者未全面履行出资义务的股东在未出资本息范围内对公司债务不能清偿的部分承担补充赔偿责任的，人民法院应予支持”之规定，徐某应在3750万元未缴纳出资范围内对涉案某物资公司债务承担补充赔偿责任。

编写人：山东省淄博市张店区人民法院　刘晓辉

山东省淄博市中级人民法院　荣明潇

32

执行和解协议瑕疵履行须另行起诉解决

——某微电子公司执行异议案

【案件基本信息】

1. 裁判书字号

江苏省宜兴市人民法院（2023）苏0282执异170号执行裁定书

2. 案由：执行异议

3. 当事人

申请执行人：李某某

被执行人（异议人）：某微电子公司

【基本案情】

江苏省宜兴市人民法院在执行申请执行人李某某与被执行人某微电子公司追偿权纠纷一案中，异议人某微电子公司对法院于 2023 年 3 月 8 日作出的恢复执行通知书的执行行为不服，向法院提出书面异议，请求撤销法院作出的（2023）苏 0282 执恢 435 号执行通知书，终结对（2021）苏 0282 民初 2063 号判决书的执行。被执行人与申请执行人于 2022 年 1 月 15 日在本案首次执行过程中达成执行和解协议，随即申请人撤回执行申请。异议人即被执行人认为己方已经按照和解协议履行完毕，本案恢复执行无事实依据和法律依据，要求终结（2021）苏 0282 民初 2063 号判决书的强制执行程序。

江苏省宜兴市人民法院经审查查明：2021 年 5 月 19 日，法院对李某某与某微电子公司、徐某某、孙某某追偿权纠纷作出（2021）苏 0282 民初 2063 号民事判决：（1）某微电子公司于判决发生法律效力之日起十日内支付李某某代偿款 5177674.58 元及利息（以本金 5177674.58 元为基数，自 2020 年 8 月 6 日起至实际给付之日止按全国银行间同业拆借中心公布的贷款市场报价利率计算）。（2）驳回李某某对徐某某、孙某某及其他诉讼请求。本案案件受理费减半收取 24022 元，财产保全费 5000 元，合计 29022 元，由某微电子公司负担。李某某预交诉讼费 29022 元可在本判决生效之日起十日内向本院申请退回，某微电子公司应负担的部分在本判决生效之日起十日内直接向本院交纳。根据李某某的申请，法院于 2021 年 10 月 9 日立案强制执行，案号为（2021）苏 0282 执 5596 号。2022 年 1 月 15 日，李某某和某微电子公司、徐某某、孙某某达成协议如下：（1）徐某某、孙某某（二人系某微电子公司股东）承诺在 2022 年 1 月 20 日前将某小区的不动产交付给李某某；（2）孙某某将位于某村 90% 的房产赠与李某某孙女徐小某，并办理过户登记手续；（3）孙某某同意补偿李某某律师代理费 200000 元，在 2022 年 1 月 25 日前，直接汇至李某某代理律师周某账户；（4）李某某承诺协议签订后，如出现协议外第三人，以徐某（李某某前夫）出具的文书（包括但不限于借条、欠条、还款计划等）为由起诉徐某，并以债务系徐某在与李某某婚姻存续期间形成，在起诉徐某的情况下同时起诉李某某要求共同承担债务的，则李某某可以申请恢复原执行，并继续执行某微电子公司，除此之外，李某某不得以任何理由再就（2021）苏0282民初2063号案件申请强制执行；（5）本协议生效后三日内，李某某撤回该案的执行申请，所涉案件的执行费由某微电子公司承担，各方所有的纠纷到此了结，再无其他任何争议。随后申请执行人李某某于2022年3月9日向法院申请撤回本案执行，该案于2022年3月9日裁定终结本院（2021）苏0282民初2063号民事判决书的执行。

2022年1月28日，徐某某从某小区的不动产搬出，并将钥匙交给李某某指定人员。另外，徐某某分别于2022年3月31日、2022年5月5日、2023年4月20日向周某转账10万元、5万元、5万元，最后一笔5万元是在（2023）苏0282执恢435号立案后支付，未能按照和解协议约定日期支付而出现延期。2022年8月31日，徐某某、孙某某在无锡市江南公证处公证申明位于某村的房屋的90%收益归孙女徐小某所有，若政策允许过户时，承诺立即过户至徐小某名下。

2022年11月16日，李某某以被执行人徐某某、孙某某未按照和解协议履行为由向江苏省宜兴市人民法院申请恢复执行，本案于2023年3月8日立案恢复执行，并向双方当事人发送执行通知书。

【案件焦点】

申请执行人主张被执行人未完全履行和解协议并要求恢复生效判决执行的，是否应予支持。

【法院裁判要旨】

江苏省宜兴市人民法院经审理认为：申请执行人李某某与被执行人某微电子公司、案外人徐某某、孙某某于2022年1月5日达成《执行和解协议书》，该和解协议对履行标的、期限和履行方式等内容作出变更并约定将本案执行依据（2021）苏0282民初2063号民事判决书确认的执行标的5426296.44元变更为腾空房屋、农村房屋赠与申请执行人指定的第三人、代为支付律师费，协议内容系双方真实意思表示，故某微电子公司的主张属对协议内容是否履行完毕的问题，并不属于协议效力认定的问题，故《执行和解协议书》合法有效。该和解协议在履行过程中，徐某某、孙某某按照协议约定已经搬离某小区的房屋并交付钥匙、延后付清20万元律师费，将宅基地上的房屋通过公证方式赠与申请执行人指定的第三人。根据《最高人民法院关于执行和解若干问题的规定》第十一条，申请执行人以被执行人一方不履行执行和解协议为由申请恢复执行，人民法院经审查，理由成立的，裁定恢复执行；有下列情形之一的，裁定不予恢复执行：（1）执行和解协议履行完毕后申请恢复执行的；（2）执行和解协议约定的履行期限尚未届至或者履行条件尚未成就的，但符合合同法第一百零八条规定情形的除外；（3）被执行人一方正在按照执行和解协议约定履行义务的；（4）其他不符合恢复执行条件的情形的规定。本案中被执行人已经搬离某小区的房屋并交付钥匙，另位于某村90%的房产系在集体土地上建造，因申请执行人指定的第三人并非该村成员导致无法过户登记，但也通过公证的方式进行了公示赠与，仅是律师费支付时延后，属于迟延履行或瑕疵履行，并非被执行人不履行。根据上述规定第十五条，执行和解协议履行完毕，申请执行人因被执行人迟延履行、瑕疵履行遭受损害的，可以向执行法院另行提起诉讼。本案执行和解协议的履行尽管存在瑕疵，但已经履行完毕，并非被执行人不履行，因此本案不应恢复执行。申请执行人李某某认为因被执行人迟延履行或瑕疵履行遭受损害，可另行提起损害赔偿之诉。综上，依据《中华人民共和国民事诉讼法》第二百三十二条，《最高人民法院关于适用〈中华人民共和国民事诉讼法〉执行程序若干问题的解释》第二十条，《最高人民法院关于人民法院办理执行异议和复议案件若干问题的规定》第十七条第一项之规定，裁定如下：

撤销江苏省宜兴市人民法院对申请执行人李某某与被执行人某微电子公司就（2021）苏0282民初2063号民事判决书一案的恢复执行。

【法官后语】

执行程序中，双方当事人就所确认法律关系之实现达成合意，并提请执行法院确认，此为执行和解。在有些情况下，未履行执行和解协议和瑕疵履行但已经履行完毕在有些情况下难以直接区分明了。执行和解协议其实质上也属于民事合同范畴，可参照《中华人民共和国民法典》第五百六十三条第一款第三项、第四项规定了迟延履行构成根本违约的条件，即“有下列情形之一的，当事人可以解除合同：(三) 当事人一方迟延履行主要债务，经催告后在合理期限内仍未履行；(四) 当事人一方迟延履行债务或者有其他违约行为致使不能实现合同目的”。本案中，孙某某尽管未将某村90%的房产转移登记至李某某孙女徐小某名下，但非被执行人主观原因，双方当事人在签订该条款时都未考虑到相关房屋过户的法规政策，且被执行人积极做出努力，通过公证作出“将该房产90%收益归孙女徐小某所有，若政策允许过户时，承诺立即过户至徐小某名下”的意思表示，实质上是对该条和解协议的变相履行。另外，孙某某未按照和解协议规定的期限补偿李某某律师代理费200000元，甚至其中的5万元在恢复立案后支付，但综合考虑整个和解协议的履行情况，被执行人始终坚持诚实信用，思想上积极履行，行为上不规避执行。兼顾法律与社会效果，结合案情宜认定为“和解协议的履行尽管存在瑕疵，但和解协议确已履行完毕，人民法院应不予恢复执行”。但是，被执行人对执行和解协议的迟延履行，虽然未构成根本违约，但并非完全不承担法律责任，根据《最高人民法院关于执行和解若干问题的规定》第十五条规定“执行和解协议履行完毕，申请执行人因被执行人迟延履行、瑕疵履行遭受损害的，可以向执行法院另行提起诉讼”。因此，如果申请执行人主张因被执行人迟延履行、瑕疵履行的非根本违约行为遭受损害的，可以向执行法院另行提起诉讼解决。

编写人：江苏省宜兴市人民法院　方强

六、执行程序

33

审查是否存在保护第三人交易安全的必要以合理认定“执行程序终结”的类型与时间

——许某某诉张某某等案外人执行异议案

【案件基本信息】

1. 裁判书字号

黑龙江省哈尔滨市中级人民法院（2023）黑01民终1356号民事裁定书

2. 案由：案外人执行异议

3. 当事人

原告（上诉人、案外人）：许某某

被告（被上诉人、申请执行人）：张某某

被告（被上诉人、被执行人）：刘某甲、刘某乙

【基本案情】

1996年3月10日，某村委会与刘某乙签订《荒水承包合同书》，约定：某村将本村荒水7亩承包给刘某乙，该荒水承包期为30年。2017年6月24日，刘某乙与许某某签订《农村鱼塘转让协议》，约定：甲方刘某乙，乙方许某某，一、今因刘某乙无力经营此鱼塘，经某村委会同意，自愿将其名下所承包的鱼

塘及地面一切建筑物转让给许某某经营。

申请执行人张某某与被执行人刘某乙、刘某甲民间借贷纠纷一案，黑龙江省哈尔滨市阿城区人民法院于2018年8月6日作出（2018）黑0112执1918号之二执行裁定书，裁定：查封被执行人刘某乙名下的鱼池一处。2018年10月22日作出（2018）黑0112执1918号之三执行裁定书，裁定：评估、拍卖被执行人刘某乙名下的位于某村鱼池一处。2019年5月6日、2019年7月19日黑龙江省哈尔滨市阿城区人民法院两次在京东网络司法拍卖平台上公开拍卖活动。2019年10月5日，张某某申请按照现保留价接收被执行人刘某乙所有的位于哈尔滨市阿城区某村鱼池及院内房屋。2019年10月6日，黑龙江省哈尔滨市阿城区人民法院作出（2018）黑0112执1918号之四执行裁定书，裁定：某村鱼池及院内房屋交付申请执行人张某某抵偿部分债务，该鱼池及院内房屋所有权自裁定送达申请人张某某时起转移。该裁定书于2019年10月6日送达张某某。2019年12月23日，张某某申请撤回执行刘某乙、刘某甲借款合同纠纷一案，同日，执行申请执行人张某某与被执行人刘某乙、刘某甲借款合同纠纷一案终结执行，执行裁定书记载裁定送达后立即生效，执行裁定书同日送达张某某、刘某乙、刘某甲。2020年11月1日，张某某出具收条一份记载：本人于2020年11月1日收到刘某乙所有的某村鱼池一处，接收完毕，物品房屋没有异议。二审庭讯中，张某某陈述：欠的钱没有全部执行完毕；终结过一次，具体什么原因我们不清楚，但是后期恢复执行了，恢复执行就是冻结了刘某甲的银行卡。

【案件焦点】

许某某提出的执行异议是否已超过法律规定的期限。

【法院裁判要旨】

黑龙江省哈尔滨市阿城区人民法院经审理认为：案外人执行异议之诉，是指案外人就执行标的享有足以排除强制执行之权利，请求法院不许对该标的实施执行之诉讼。其目的是请求人民法院排除对特定执行标的的执行行为。而且，应当在执行标的执行程序终结前提出。本案中，黑龙江省哈尔滨市阿城区人民法院于2019年10月6日作出的（2018）黑0112执1918号之四执行裁定书于2019年10月6日送达当事人并已经发生法律效力。案涉标的已执行完毕，所有权也已经发生转移。而许某某于2021年11月4日才提出执行异议，即在案涉标的已执行完毕后提出的执行异议。许某某的起诉不属于案外人执行异议之诉，已经不能达到排除对案涉标的执行行为的目的。如对执行完毕的执行行为有异议，可通过执行异议和复议等执行程序解决，如对案涉标的权属有争议，可另行主张。综上，许某某的执行异议主张不属于民事诉讼法关于案外人执行异议之诉纠纷，应予驳回。

黑龙江省哈尔滨市阿城区人民法院裁定：驳回许某某的起诉。

许某某不服，提起上诉。

黑龙江省哈尔滨市中级人民法院经审理认为：根据《最高人民法院关于人民法院办理执行异议和复议案件若干问题的规定》第六条第二款的规定，案外人依照民事诉讼法第二百二十七条规定提出异议的，应当在异议指向的执行标的执行终结之前提出；执行标的由当事人受让的，应当在执行程序终结之前提出。执行程序终结分为整体终结和特定终结。整体终结包括生效法律文书确定的内容全部执行完毕、裁定终结执行、裁定不予执行和当事人之间达成执行和解协议并且已经履行完毕。特定终结即个别程序的终结，指对于特定的执行标的所进行的执行程序而言，是指拍卖、变卖成交裁定和以物抵债裁定生效，执行标的物权属移转于受让人或者交付申请执行人等情形。依照法律的有关规定，提起案外人异议的期限分为两种，区分标准为是否存在保护第三人交易安全的必要。执行标的物由当事人以外的第三人受让时，案外人提出阻止执行的实体权利异议的，应当在执行标的执行程序终结之前；当执行标的由申请执行人或者被执行人受让的，此种情形不涉及保护第三人的交易安全问题，故案外人提出异议的时间应当在执行程序整体终结之前。结合本案，张某某依据其与刘某乙、刘某甲民间借贷纠纷一案一审法院作出的生效民事判决向一审法院申请执行，在执行过程中，一审法院裁定将刘某乙名下的某村鱼池及院内房屋，以保留价 532988 元交付张某某抵偿部分债务，该鱼池及院内房屋所有权自裁定送达申请人张某某时起转移。根据该裁定所载明的内容，张某某申请执行一案其债权尚未全部实现。虽然一审法院此后于 2019 年 12 月 23 日依据张某某提出的撤销执行的申请，裁定申请执行人张某某与被执行人刘某乙、刘某甲借款合同纠纷一案终结执行，而基于申请执行人提出的撤销执行申请，人民法院裁定终结执行的情形亦属于执行程序的整体性终结，但依据《最高人民法院关于适用〈中华人民共和国民事诉讼法〉的解释》第五百二十条“因撤销申请而终结执行后，当事人在民事诉讼法第二百三十九条规定的申请执行时效期间内再次申请执行的，人民法院应当受理”的规定，在基于当事人申请撤销执行申请的情形下，人民法院作出的终结执行裁定并不一定意味着执行程序在实质上已全部终结，亦存在执行程序的特定终结的情形。因本案属于执行标的由申请执行人受让的情形，故上述法律规定中的执行程序终结应指生效裁判文书确定的债权实现后执行程序的完全终结。如上所述，因在张某某申请执行一案中，其债权只是通过将被执行人的鱼池以抵偿的方式实现了部分债权，且本院二审中，张某某亦自认其据以申请执行的生效民事判决所确定的债权尚未全部实现，已经恢复执行，且一审法院对于本案的执行行为一直处于连续状态，故本案一审法院作出的终结执行裁定应属执行程序的特定终结，而非实质意义上的完全终结。综合上述事实，本案许某某提出的案外人执行异议应属上述法律规定的在执行程序终结前提出的情形，许某某在一审法院裁定驳回其提出的执行异议后，有权提起本案诉讼，一审法院应对本案许某某提起的执行异议之诉进行实体审理。一审裁定以许某某提出的执行异议系在对执行标的所进行的执行程序终结之后，已超过法律规定的期限为由，裁定驳回许某某的起诉，属适用法律错误，本院予以纠正。

根据《中华人民共和国民事诉讼法》第一百七十八条、第二百七十八条、《最高人民法院关于适用〈中华人民共和国民事诉讼法〉的解释》第三百三十条之规定，裁定如下：

一、撤销哈尔滨市阿城区人民法院（2022）黑 0112 民初 4657 号民事裁定；

二、本案指令哈尔滨市阿城区人民法院审理。

【法官后语】

执行异议之诉的目的在于阻却执行程序的继续进行，在执行程序终结后，案外人提出执行异议和执行异议之诉必然无法阻却执行程序，而对于已经执行的标的能否回转至执行前状态，也不属于执行异议之诉的功能。故，案外人提出执行异议和执行异议之诉的必然前提系执行案件处于执行过程中。对此必须正确理解民事诉讼法第二百二十七条中规定的案外人对执行标的提起执行异议的时限为“执行过程中”。单从文义理解，执行过程中是指执行程序开始后终结前。但何谓执行程序终结，司法实践中颇有争议。

执行程序的终结，在学理上通说可分为整体终结和特定终结。整体终结是指基于执行名义而实施之整个执行程序终结而言。特定终结即个别程序的终结，针对的是特定的执行标的所进行的执行程序，是指拍卖、变卖裁定或以物抵债裁定生效、执行标的物权属转移等情形。在对被执行的不动产进行司法拍卖后，应以该不动产系由竞买人取得还是申请执行人受偿取得为区分，作出不同的认定，即由竞买人取得的不动产，人民法院送达拍卖裁定后，虽属于特定终结，但此时为保护交易安全，应认定执行程序终结，不应准许案外人对此提出执行异议和执行异议之诉。对于被执行的不动产由申请执行人受偿取得的，且申请执行人全部债权并未实现，执行措施依旧实施中，此类情形应认定执行程序并未终结。

本案执行过程中，申请执行人以最低拍卖保留价申请受偿部分债权，人民法院作出以物抵债裁定，并裁定“鱼池及院内房屋所有权自裁定送达申请人张某某时起转移”。主审法官认为执行标的物权属变动时不必然等于标的物执行程序终结。本案申请执行人申请执行标的数额远超案涉不动产拍卖保留价，而不动产标的物又并非由善意竞买人拍卖取得，不存在保护善意竞买人及司法拍卖稳定性的必要性。对于本案情形，因申请执行人债权并未完全实现，且执行法院对被执行人其他财产的执行措施处于连续实施状态中，故不能认定本案执行程序已经终结。虽申请执行人曾申请撤销执行案件，但与已查明的实际情况及申请执行人的自认不符，故为避免占有不动产的案外人法益受损，应认定执行程序并未终结，此时案外人可以提出执行异议和执行异议之诉。

编写人：黑龙江省哈尔滨市中级人民法院　赵丹晖　张恭允

34

被执行人以其代扣代缴滞纳金为由主张债务抵销，执行程序不得径行认定债务抵销成立

——代某某执行复议案

【案件基本信息】

1. 裁判书字号

四川省高级人民法院（2023）川执复342号执行裁定书

2. 案由：执行复议

3. 当事人

申请执行人（复议申请人）：代某某

申请执行人：庞某某

被执行人：某置业公司

【基本案情】

代某某、庞某某与某置业公司建设工程施工合同纠纷一案，四川省高级人民法院于2020年9月4日作出（2020）川民终257号民事判决，判项主要内容为：（1）某置业公司于判决生效后十日内向代某某、庞某某支付款项132000元；（2）某置业公司于判决生效后十日内向代某某、庞某某支付工程款20348561.1元及利息（利息计算略）；（3）代某某、庞某某对某置业公司已付尚未开具发票的7083103.04元于判决生效后十日内开具发票给某置业公司，在

某置业公司给付判决第三项款项的同时，向某置业公司开具并交付相应金额的发票。判决生效后，因某置业公司未按判决履行义务，代某某、庞某某向四川省南充市中级人民法院申请执行。

执行过程中，某置业公司代代某某、庞某某向税务局申报缴纳相关税费，并代缴本案执行金额的应纳税金、滞纳金。执行过程中，经四川省南充市中级人民法院组织双方对已付款和未付款进行核对，双方对已付款项无异议，对由某置业公司代开发票中的滞纳金的承担主体产生争议，代某某认为上述滞纳金不应由其承担，故不同意将某置业公司缴纳的税金、滞纳金纳入抵扣应付工程款范围。四川省南充市中级人民法院径直作出（2023）川13执恢23号之一执行通知书，对代缴的滞纳金予以扣除后计算剩余待执金额为1220842.36元。代某某不服（2023）川13执恢23号之一执行通知书，认为滞纳金应当由被执行人某置业公司承担，某置业公司待执金额应为3026073.64元。

【案件焦点】

1. 某置业公司主张债务抵销是否符合法律规定；2. 关于某置业公司、代某某所提主张性质及审查程序的问题；3. 异议裁定适用法律是否适当。

【法院裁判要旨】

四川省南充市中级人民法院经审理认为：代某某、庞某某负有开票义务，应当一并承担开具发票时应当承担的税金以及因迟延纳税承担的滞纳金，案涉判决并未明确某置业公司迟延付款时应承担开票义务中的滞纳金，代某某若认为因某置业公司迟延付款给其带来新的损失，其可依法另寻途径救济。遂于2023年8月31日作出（2023）川13执异165号执行裁定，裁定如下：

驳回异议人代某某的异议请求。

代某某不服，申请复议。四川省高级人民法院经审理认为：根据《中华人民共和国民法典》第五百二十五条、《最高人民法院关于人民法院办理执行异议和复议案件若干问题的规定》第七条第二款规定，某置业公司所主张的抵销权属于可以阻却债务履行的实体主张，代某某的上述主张为对某置业公司主张抵销权并行使债务履行抗辩的再抗辩，四川省南充市中级人民法院应首先参照执行异议案件立案审查，不能依据某置业公司的抵销主张直接认可并作出（2023）川13执恢23号之一通知书。同时，异议裁定未准确认定某置业公司主张抵销权的性质并确定审查程序，直接以开票义务取代事实上的过错责任认定和义务分担，实质为对（2023）川13执恢23号之一通知书确定某置业公司抵销权成立予以认可，属适用法律不当。故复议审查后，四川省高级人民法院于2023年12月6日作出（2023）川执复342号执行裁定，裁定如下：

一、撤销四川省南充市中级人民法院（2023）川13执异165号执行裁定；

二、撤销四川省南充市中级人民法院（2023）川13执恢23号之一通知书。

【法官后语】

债务抵销分为法定抵销和合意抵销：法定抵销需满足法定条件，即互负债务，债务的标的物种类、品质相同；合意抵销则未严格限定债务性质相同，以当事人意思自治为准。执行法院在被执行人某置业公司主张将其代扣代缴的滞纳金在其所负金钱给付义务中予以抵扣的问题中存在误区，具体表现如下：

第一，开票义务与滞纳金责任承担问题不能人为切割。异议裁定维持（2023）川13执恢23号之一通知书效力的主要理由在于“代某某、庞某某负有开票义务，则应当承担开具发票的税金”，表面上看，某置业公司代扣代缴的滞纳金与其应付的工程款均属于金钱性质，性质、种类同一，某置业公司主张法定抵销符合法律规定。实际上，执行法院支持债务抵销隐含的前提是某置业公司代扣代缴的滞纳金属于代某某、庞某某一方所负义务，而某置业公司代扣代缴的滞纳金并非生效法律文书确定的义务，相当于该院未经执行审查程序直接认定某置业公司代扣代缴滞纳金的责任承担问题，而通过代某某所提异议可知，关于滞纳金的责任承担问题，双方当事人之间存在巨大的分歧，某中院直接以（2023）川13执恢23号之一通知书的形式确认债务抵销成立，于法无据。

第二，某置业公司主张债务抵销，执行法院应适用的审查程序问题。《最高人民法院关于人民法院办理执行异议和复议案件若干问题的规定》第七条第二款规定：“被执行人以债权消灭、丧失强制执行效力等执行依据生效之后的实体事由提出排除执行异议的，人民法院应当参照民事诉讼法第二百二十五条规定进行审查。”据此，执行法院召集某置业公司，代某某、庞某某双方就剩余未执行金额进行确认核对时，某置业公司提出就其代扣代缴的滞纳金与其所负工程款义务予以抵扣，相当于被执行人某置业公司在执行程序中主张抵销权并以债权已部分消灭为实体事由提出排除执行，该院应首先参照执行异议案件立案审查，其未经审查直接作出（2023）川13执通知书显属不当。进入执行异议审查环节后，针对某置业公司主张代扣代缴的滞纳金义务属于代某某、庞某某一方承担，而代某某抗辩滞纳金的产生系某置业公司迟延付款所致，异议审查程序无法对双方的实体主张进行实质判断，且基于滞纳金问题属于生效法律文书未确定的范围、亦属法律文书生效后新产生的事实，则可引导双方当事人就其主张另行诉讼解决。

本案的重难点在于如何识别当事人一方所提主张性质。一方面，滞纳金属于法定义务，在双方无争议的情况下，一般应以记载的开票义务人为准，本案执行实施、执行异议审查程序均认为开票义务人为代某某、庞某某，故支持某置业公司债务抵销的请求，但本案的关键在于滞纳金的责任划分存在争议，异议审查法院无视双方关于责任承担的争议，径直以记载的开票义务人作为责任承担主体，显然割裂了二者之间的关系；另一方面，债务抵销分为法定抵销与合意抵销，均应满足法定条件方可成立，本案不属于法定抵销的范畴，又未取得双方当事人一致同意，不能产生债务抵销的法律效果。同时，本案曾就滞纳金责任划分问题与审判部门多次沟通，均认为双方在滞纳金问题上的责任范围和大小应经由诉讼程序解决，执行环节无法做出实体判断，亦不宜以征询函的形式向审判部门征询意见，故以改判结案。

编写人：四川省高级人民法院　茅勇　周岚

35

部分被执行人破产不应中止全案的执行

——某资产管理公司执行复议案

【案件基本信息】

1. 裁判书字号

重庆市第三中级人民法院（2023）渝03执复22号执行裁定书

2. 案由：执行复议

3. 当事人

申请执行人：曾某某

被执行人（复议申请人）：某资产管理公司

被执行人：某资产经营公司、某小额贷款公司、吴某某、某机械公司

【基本案情】

2015年11月30日，重庆市涪陵区人民法院（以下简称执行法院）立案受理了原告曾某某与被告某资产经营公司、某小额贷款公司、吴某某、某资产管理公司、某机械公司民间借贷纠纷一案，经审理后作出（2015）涪法民初字第08301号民事判决书，判决：重庆市某物资公司尚欠曾某某借款270万元及该款从2015年10月16日起至付清时止按年利率24%计算的利息，由某小额贷款公司、吴某某、某资产管理公司在本判决生效后10日内承担连带偿还责任……由某资产经营公司在某资产管理公司股份出资不实范围内承担补充赔偿责任。

执行法院于2020年9月17日作出（2019）渝0102执恢479号之二执行裁定书，裁定扣留、提取被执行人某资产经营公司在某机械公司破产案中分得的财产450万元，并于2020年9月24日向某机械公司破产管理人发出（2019）

渝 0102 执恢 479 号之二执行裁定书和协助执行通知书，要求其协助将某资产经营公司在某机械公司破产案中应分得的财产 450 万元扣划至执行法院。2022 年 10 月 24 日，某机械公司破产管理人将某资产经营公司应分得的财产 2285839.69 元转入执行法院执行专户，执行法院扣除 29400 元执行费后，将余下案款 2256439.69 元于 2022 年 10 月 25 日支付给了申请执行人曾某某。

2020 年 4 月 17 日，重庆市南岸区人民法院作出（2018）渝 0108 破 5 号之二民事裁定：宣告某资产管理公司破产。2022 年 10 月 13 日，某资产管理公司破产管理人向执行法院函告，请求裁定中止对某资产管理公司的执行程序。

某资产管理公司称：（1）执行法院的执行裁定适用法律错误，本案应当优先适用企业破产法及其司法解释的特别规定。（2）在曾某某执行案中，执行法院在管理人书面要求对某资产经营公司中止执行后，依旧违反破产法司法解释的明文规定继续执行，属于违法执行行为，应当予以纠正。（3）执行法院应当在知道某资产管理公司进入破产程序后，依职权中止执行某资产经营公司。但该院没有中止执行某资产经营公司，而是从某机械公司破产管理人处提取了某资产经营公司应分得的案款后支付给了曾某某，存在违法执行，应当将已支付的款项执行回转。

【案件焦点】

部分被执行人破产，是否应当中止全案的执行程序。

【法院裁判要旨】

重庆市涪陵区人民法院经审理认为：某资产经营公司作为本案的被执行人，拒不履行生效法律文书确定的义务，涪陵区法院裁定扣留、提取其在某机械公司破产案中应分得的财产符合法律规定；且某资产经营公司并未破产，涪陵区法院对其采取执行措施并无不当。因此，某资产管理公司要求中止对被执行人某资产经营公司执行的异议请求于法无据，依法不予支持。

重庆市涪陵区人民法院依照《中华人民共和国民事诉讼法》第二百三十二条之规定，裁定如下：

驳回某资产管理公司的异议请求。

某资产管理公司不服，申请复议。重庆市第三中级人民法院经审理认为：根据《中华人民共和国企业破产法》第十九条规定，人民法院受理破产申请后，有关债务人财产的保全措施应当解除，执行程序应当中止。该条文中“有关债务人财产的保全措施应当解除，执行程序应当中止”，应是指针对申请破产的债务人财产保全措施应当解除，或者针对申请破产的债务人财产的执行程序应当中止。而在本案中，虽然南岸区法院已经裁定宣告某资产管理公司破产，但某资产经营公司作为曾某某申请执行案的被执行人，本应当在某资产管理公司股份出资不实范围内对曾某某的债权承担补充赔偿责任，且作为被执行人的某资产经营公司并未申请破产，涪陵区法院因某资产经营公司未履行生效法律文书确定的义务而裁定扣留、提取其在另一被执行人某机械公司破产案中应分得的财产，并不违反法律规定。因此，某资产管理公司要求中止对某资产经营公司执行的理由于法无据，不能成立。对其复议申请，本院不予支持。

重庆市第三中级人民法院依照《中华人民共和国民事诉讼法》第二百三十二条，《最高人民法院关于人民法院办理执行异议和复议案件若干问题的规定》第二十三条第一款第一项规定，裁定如下：

驳回某资产管理公司的复议申请，维持重庆市涪陵区人民法院（2023）渝0102 执异 123 号执行裁定。

【法官后语】

在当前的司法实践中，部分被执行人破产的情况屡见不鲜。由于破产程序本身耗时较长，若在此期间中止全案执行，不仅可能使案件长期悬而未决，还可能增加法院的办案压力。因此，对于部分被执行人破产的情况，不宜简单中止全案执行程序。

一、部分被执行人破产是否应中止全案执行程序，存在法律空白和司法实践困境

从法律政策层面来看，现行的破产法及相关执行法规并未明确规定部分被执行人破产时全案执行程序的处理方式。这种法律空白导致各地法院在处理类

似案件时，往往依赖于法官的个人理解和司法实践中的惯例，从而可能产生不一致的裁判结果，影响法律的统一性和权威性。

在实践操作中，部分被执行人破产往往意味着整个执行案件变得更为复杂。一方面，破产程序本身就需要耗费大量的时间和资源；另一方面，全案执行程序的中止与否直接关系到申请执行人的权益保障。如果盲目中止全案执行，可能导致申请执行人的合法权益受到损害；而如果继续执行，又可能与破产程序的宗旨相悖。

因此，如何在现有法律框架内，平衡破产程序与执行程序的关系，确保既能够维护破产程序的顺利进行，又能够保障申请执行人的合法权益，是当前亟待解决的问题。

二、部分被执行人破产不应中止全案执行程序的理论依据

在探讨部分被执行人破产不应中止全案执行程序的理论基础时，我们首先需明确相关的法律原则。法治原则要求法律的适用应当具有一致性和稳定性，部分被执行人破产不应成为全案执行程序中止的法定事由。这是因为，破产程序针对的是特定被执行人的财产状况，而不应影响其他被执行人的执行进程。

公平原则是执行程序中的核心价值取向。在多个被执行人并存的执行案件中，若因部分被执行人破产而中止全案执行，将可能损害其他债权人的合法权益，造成执行程序中的不公平现象。因此，从公平原则出发，部分被执行人破产不应成为全案执行程序中止的理由。

效率原则也是执行程序中的重要考量。中止全案执行程序将增加执行成本，降低执行效率，不利于及时实现债权人的合法权益。因此，从效率原则出发，亦应支持部分被执行人破产不应中止全案执行程序的观点。

三、从权利义务关系来看，部分被执行人破产不应中止全案执行程序

从权利角度看，债权人对于每个被执行人的债权是独立的，部分被执行人的破产不应影响债权人对其他被执行人的追索权。中止全案执行程序可能会使债权人的权利无法实现，有违债权的平等性和独立性原则。

从义务角度看，每个被执行人都应独立承担其法律义务，部分被执行人的

破产状态不应成为其他被执行人逃避责任的借口。中止全案执行程序可能导致其他被执行人以破产为由逃避执行，进而破坏法律秩序的稳定性和公信力。

因此，在权利义务关系的平衡考量下，部分被执行人破产不应成为中止全案执行程序的充分理由。相反，应根据具体情况，对破产被执行人和未破产被执行人分别处理，确保债权人的合法权益得到充分保障。

编写人：重庆市第三中级人民法院　汤智纲

36

抚养权变更纠纷执行程序中已满8周岁的未成年子女不同意变更的应当终结执行

——杨某某与张某某变更抚养关系案

【案件基本信息】

1. 裁判书字号

北京市昌平区人民法院（2023）京0114执9757号执行裁定书

2. 案由：变更抚养关系纠纷

3. 当事人

申请执行人：杨某某

被申请人：张某某

【基本案情】

杨某某与张某某于2010年1月19日登记结婚，于2010年4月8日育有一子杨某男，于2012年5月2日育有一女杨某女。2017年5月，张某某在北京市海淀区人民法院起诉杨某某要求离婚。2017年6月，张某某作为杨某男、杨某女的法定代理人，以杨某男、杨某女为申请人，向北京市海淀区人民法院申请人身安全保护令，北京市海淀区人民法院经审查于 2017 年 6 月 22 日作出（2017）京 0108 民保令 18、19 号民事裁定书，裁定禁止杨某某对杨某男、杨某女实施家庭暴力。2018 年 7 月，张某某再次起诉要求与杨某某离婚，2018 年 11 月 16 日，北京市昌平区人民法院作出（2018）京 0114 民初 12460 号民事判决书，判决“一、张某某与杨某某离婚；二、婚生子女杨某男、杨某女由张某某抚养，杨某某自本判决生效之日起每月给付杨某男、杨某女抚养费共 5000 元直至二人年满 18 周岁之日止……”杨某某提起上诉，2019 年 4 月 18 日，北京市第一中级人民法院作出（2019）京 01 民终 2817 号民事判决书，判决驳回上诉，维持原判。后杨某某与张某某多次针对抚养权争议进行诉讼，2021 年 12 月 9 日，杨某某起诉要求法院判令婚生女杨某女由原告抚养；判令被告每月支付杨某女抚养费人民币 5000 元，按月支付至杨某女年满 18 周岁止……北京市昌平区人民法院于 2022 年 7 月 27 日作出（2022）京 0114 民初 2097 号民事判决：驳回杨某某的诉讼请求。后杨某某提起上诉，北京市第一中级人民法院于 2022 年 11 月 10 日作出（2022）京 01 民终 9066 号民事判决书：（1）撤销北京市昌平区人民法院（2022）京 0114 民初 2097 号民事判决；（2）杨某女由杨某某抚养，自 2022 年 11 月起张某某每月支付杨某女抚养费人民币 4000 元，至杨某女年满十八周岁止；（3）驳回杨某某其他诉讼请求。判决生效后，杨某某向法院申请强制执行，要求变更抚养关系。

【案件焦点】

是否应当按照（2022）京 01 民终 9066 号民事判决书的判项内容，强制变更抚养关系，将杨某女交由杨某某抚养。

【法院裁判要旨】

北京市昌平区人民法院经审理认为：在执行杨某女抚养关系变更这一判项过程中，法院了解到申请执行人与被执行人针对抚养权多次进行诉讼，也多次申请过强制执行。在执行前，杨某女与被执行人张某某共同生活。本案中，经法院传唤，被执行人张某某配合法院工作，将杨某女送至执行法院，在执行法官单独进行询问和在家长的陪同下进行询问，杨某女均清晰地表达出不愿见其父亲杨某某的意愿。结合杨某女的生活学习情况以及当事人多次针对抚养权进行诉讼的情况，法官认为本案不宜直接按照（2022）京01民终9066号民事判决书的判项内容，强制变更抚养关系，将杨某女交由杨某某抚养，依照《中华人民共和国民事诉讼法》第一百五十七条第一款第十一项、第二百六十四条第六项之规定，裁定如下：

终结（2022）京01民终9066号民事判决书申请执行抚养权变更判项的执行程序。

【法官后语】

离婚后子女抚养权的变更从性质上来说属于变更之诉，法院作出的涉抚养权的判决内容是将子女交由对方抚养，即判决确定的义务是行为义务。遂变更子女抚养权执行案件的客体即为行为，且具有人身利益。强制执行的对象是不履行判决义务的一方当事人，而非未成年子女。当前，我国对抚养权的执行方式尚无明确法律规定，且因未成年子女并非执行案件当事人，仅仅为交付“标的”，在此情况下，执行程序中是否应当听取未成年子女的意见值得探讨。不同于其他行为类执行案件的是，抚养关系变更的案件执行结果直接关系到父母与子女的亲子身份关系和重大亲权利益，在父母婚姻破裂后如何妥善安排抚养问题，如何充分保护未成年子女的身心健康，避免造成额外伤害的善意文明执行理念是办理执行案件的重中之重。关于子女抚养的问题，始终应当从有利于子女身心健康、保障子女的合法权益出发，结合父母双方的抚养能力和抚养条件等具体情况妥善解决。离婚后父母双方应本着子女利益最大化的原则，摒弃分歧与矛盾，继续关爱、照顾未成年子女，尽可能消除离婚对子女造成的伤害，共同助力未成年子女健康成长、成才。抚养孩子的一方应当使用科学的教育理念、恰当的教育方法及合理的教育手段教导孩子，更耐心、悉心地照顾孩子的生活与学习，也应当支持不直接抚养孩子的一方与孩子保持正常的沟通交流。不直接抚养孩子的一方也应当经常关心孩子的近况，持续关注孩子的成长与发展。已离婚的父母不能将抚养权变更作为斗气的利器，不顾及孩子的身心健康。

实践中，执行法院多依赖于调解的方式开展执行工作，并参照《最高人民法院关于适用〈中华人民共和国民法典〉婚姻家庭编的解释（一）》第六十八条，关于探视权的执行规则：“……不能对子女的人身、探望行为进行强制执行”，确保案件的执行工作合法有序，不再采用强制执行措施直接实现抚养权的变更。在执行过程中，法院认为，多年来，本案双方当事人针对抚养权多次进行诉讼，子女抚养问题一直没有得到根本的解决，父母的争执已经影响到了杨某女的正常生活。杨某女已满11周岁，在征询其个人意见时，其明确且清晰地表示不愿意与父亲杨某某共同生活，希望跟随母亲张某某生活。执行法官也询问了申请执行人与被执行人的意见，所以应当参考多年来双方关于抚养权纠纷的判决情况、子女抚养的真实情况及执行情况开展执行工作。最终，执行法院引用《中华人民共和国民法典》第一千零八十四条，关于抚养问题的裁判规则，征询已满8周岁的未成年杨某女个人意见，并将其作为执行的依据，未直接依据生效判决的判项进行强制执行。

本案中，执行法官在执行过程中首次引入民法典的裁判规则，在确保征询方式满足合法、合理、妥当的条件下，充分考量已满8周岁的未成年子女的真实意愿，判断案件是否应当继续强制执行。同时参照探视权的执行规则，避免对未成年子女人身进行强制执行，不为结案而结案，保持了谦抑执行的理念，以子女利益最大化为出发点，创造最有利于子女成长的生活环境，实现法律效果和社会效果的有机统一，为抚养权变更案件的执行工作提供了有益参考。

编写人：北京市昌平区人民法院　伦安然　王涛

37

继承人转移被继承人名下财产至自己名下，法院有权在继承范围内直接执行继承人名下财产

——姚某甲执行异议案

【案件基本信息】

1. 裁判书字号

福建省厦门市中级人民法院（2022）闽02执复20号民事裁定书

2. 案由：执行异议

3. 当事人

申请执行人：陈某某

被执行人（异议人）：姚某甲

被执行人：许某甲、许某乙、郭某某、黄某某、许某丙、许某丁、姚某乙

【基本案情】

原告陈某某与被告姚某甲（被继承人许老大配偶）、许某甲、许某乙、郭某某、黄某某、许某丙、许某丁、姚某乙继承纠纷一案中，法院作出（2017）闽0203民初11993号民事判决书，判决：被告姚某甲、许某甲、许某乙、郭某某、黄某某、许某丙、许某丁、姚某乙应于在继承的被继承人许老大遗产的范围承担向原告陈某某清偿借款人民币60万元及利息的义务……姚某甲不服一审判决提起上诉。二审法院维持原判。

由于姚某甲、许某甲、许某乙、郭某某、黄某某、许某丙、许某丁、姚某乙未按时履行生效法律文书确定的义务，陈某某向法院申请强制执行。法院立案执行后，冻结了姚某甲名下银行账户，申请控制金额1241199元，实际控制

金额102510.38元。

法院执行笔录记载，执行人员询问被执行人姚某甲：你方表示未继承许老大名下现金存款，那是否有继承其他形式的财产。答：在许老大去世后，姚某甲将许老大名下的股权变更至自己名下，但我方认为这个股权原本就属于姚某甲所有，现在对于该股权归属仍有争议，正在诉讼中，尚未判决。执行人员询问变更了哪家公司，何时变更，许老大何时去世，公司注册资本，股权价值如何。答：将许老大持有的某旅游公司27.5%的股权变更至被执行人姚某甲名下，2017年变更，许老大2015年去世。注册资本2000万元，实缴资本不清楚，公司股权价值无法确定。

姚某甲向法院提出执行异议，请求法院解除对其名下银行账户的冻结，认为许老大的遗产范围尚未确认，也未进行继承分配，其银行账户存款属于个人所有的财产。姚某甲仅变更许老大名下某旅游公司6.875%的股权份额，而该股权从未处置变现，该股权转让与姚某甲银行账户上的存款并无关联。

另查明，申请执行人陈某某在异议审查期间提交一份许老大的兴业银行流水，该银行流水中记载姚某甲分别于2017年9月27日和2018年5月3日从许老大的该账户转账4605937.78元和3341026.47元至姚某甲个人账户。该份银行流水系许某丁、郭某某与姚某甲、许某乙、黄某某、许某甲、姚某乙、许某丙继承纠纷诉讼案件中许某丁、郭某某向法院所提交的证据。该诉讼案件庭审质证笔录中，姚某甲对该份许老大的兴业银行流水真实性无异议，只是陈述从许老大的兴业银行账户所转账至其个人账户的款项均用于偿还许老大的公司贷款。

【案件焦点】

执行法院冻结姚某甲名下个人账户的行为是否符合法律规定。

【法院裁判要旨】

福建省厦门市思明区人民法院经审理认为：根据已生效的（2017）闽0203民初11993号民事判决书判决确认，被告许某甲、许某乙、姚某甲、郭某某、黄某某、许某丙、许某丁、姚某乙应在继承的被继承人许老大遗产的范围承担向原告陈某某清偿借款人民币60万元及利息的义务。许老大于2015年5月去世，被执行人姚某甲于2017年将原登记于被继承人许老大名下的股权变更至自己名下，证明姚某甲没有放弃对许老大遗产继承，且许老大的银行流水进一步证明姚某甲分别于2017年9月27日和2018年5月3日从许老大的兴业银行账户存款中转账4605937.78元和3341026.47元至其个人账户却未用于偿还本案的债务，故法院依法冻结被执行人姚某甲名下银行账户存款，并无不当。姚某甲的执行异议请求理由不能成立，法院不予以支持。

福建省厦门市思明区人民法院依照《中华人民共和国民事诉讼法》第二百三十二条及《最高人民法院关于人民法院办理执行异议和复议案件若干问题的规定》第十七条之规定，裁定如下：

驳回异议人姚某甲的执行异议请求。

姚某甲不服该异议裁定，向上级法院申请复议。福建省厦门市中级人民法院同意一审法院的裁定意见，驳回姚某甲的复议申请。

【法官后语】

判决当事人应当在继承遗产的范围内向债权人清偿借款的文书进入执行后，往往面临着三种主要困难。第一，遗产范围难以界定。遗产表现形式多种多样，法院现有的查控手段不能保证穷尽被继承人的所有财产。尽管民事案件一般的证明规则为“谁主张谁举证”，但由于原被告双方的信息不对称，导致原告举证证明继承人的遗产范围存在难度，而被告往往消极应诉，导致被继承人的遗产范围难以确定。第二，遗产难以控制处置。继承人出于趋利避害的本能，往往凭借其熟悉抑或是控制遗产的天然优势，对遗产进行隐匿、转移，从而规避执行，在获得遗产的同时又不必偿还债务，这就需要执行法院在执行过程中作出甄别。第三，债权人利益与继承人利益难以权衡。在继承遗产范围内承担债务清偿是从维护交易安全角度考虑出发，侧重于保护债权人利益，但若被继承人根本没有财产，将继承人列为被执行人并对其采取强制措施，则会对继承人的利益造成损害。这需要执行法院在执行过程中具体问题具体分析，尽可能在保护债权人利益与保护继承人利益之间进行平衡。

本案中，被继承人许老大死亡后，姚某甲作为许老大的配偶，根据《中华人民共和国民法典》第一千一百二十七条、第一千一百六十一条的规定，姚某甲系被继承人许老大的第一顺位继承人，应当在继承遗产的范围内向债权人清偿借款，该清偿义务在生效判决中已获得确认，依法应当履行，执行法院依照生效法律文书判决的内容强制执行符合法律规定。姚某甲并未表示放弃继承，且在许老大去世后，即将许老大名下公司股权变更至自己名下，又通过从许老大账户向自己账户转账的方式获取多笔款项，姚某甲的行为已经在事实上继承了许老大名下的部分财产。但姚某甲并未将继承到的这部分财产用来清偿许老大对陈某某的欠款，姚某甲此举存在利用其熟悉、控制被继承人许老大遗产的优势从而转移财产、规避执行的嫌疑，从保护债权人权益的角度出发，执行法院冻结姚某甲的银行账户并无不妥。况且，执行法院冻结的姚某甲银行账户的实际控制金额既未超出许老大应当向陈某某清偿的金额，也未超出姚某甲已经继承的许老大遗产的范围，换言之，姚某甲的权益并未因执行法院的冻结措施而受到损害。因此，执行法院冻结姚某甲名下个人账户的行为符合法律规定，并无不当。

编写人：福建省厦门市思明区人民法院　张舒羽

38

针对轮候查封措施提起的执行异议之诉不进行实体审理

——许某诉葛某执行异议之诉案

【案件基本信息】

1. 裁判书字号

北京市密云区人民法院（2023）京0118民初7510号民事裁定书

2. 案由：执行异议之诉

3. 当事人

原告：许某

被告：葛某

【基本案情】

葛某与田某买卖合同纠纷案，本院作出（2021）京0118民特1013号民事裁定书对双方达成的调解协议司法确认，内容为“田某给付葛某货款及运费共计26914.6元”。田某未履行该裁定书确定的义务，葛某向本院提出强制执行申请，本院以（2022）京0118执1534号案件立案执行，对京HLY×××车辆实施了查封，查封期限为两年，机动车查封受理时间为2022年6月1日。之后许某向本院提出了案外人执行异议，申请中止对京HLY×××车辆的执行，解除查封。本院于2023年10月23日作出（2023）京0118执异478号执行裁定书，裁定驳回案外人许某的异议请求。另查，京HLY×××车辆登记在田某名下。2021年6月10日办理了抵押登记，抵押权人为许某。京HLY×××车辆共登记有9条锁定原因为查封的信息，机动车查封受理时间在2022年6月1日之前的锁定信息共有5条，（2023）京0118执1534号案件的锁定信息为第6条。核实确定本院以（2023）京0118执1534号协助执行通知书和执行裁定书对京HLY×××车辆实施的查封为轮候查封。

许某提出如下诉讼请求：确认对京HLY×××车辆享有所有权，中止对京HLY×××车辆的执行。诉状日期为2023年10月27日。

【案件焦点】

针对轮候查封措施提起的执行异议之诉是否进行实体审理。

【法院裁判要旨】

北京市密云区人民法院经审理认为：《最高人民法院关于人民法院民事执行中查封、扣押、冻结财产的规定》第二十六条第一款规定，对已被人民法院查封、扣押、冻结的财产，其他人民法院可以进行轮候查封、扣押、冻结。查封、扣押、冻结解除的，登记在先的轮候查封、扣押、冻结即自动生效。《最高人民法院关于查封法院全部处分标的物后轮候查封的效力问题的批复》规定，轮候查封、扣押、冻结自在先的查封、扣押、冻结解除时自动生效，人民法院对已查封、扣押、冻结的全部财产进行处分后，该财产上的轮候查封自始未产生查封、扣押、冻结的效力。故当事人对执行法院实施的轮候查封行为有异议提起执行异议之诉的，不予受理；已经受理的，应当裁定驳回起诉，并告知其应当针对法院的正式查封行为主张权利。本案中，许某申请执行的案件系（2022）京 0118 执 1534 号案件，在该执行案件中，本院对京 HLY×××车辆进行了轮候查封，故许某作为案外人对该案件提起执行异议之诉，不符合法定条件，应裁定驳回起诉。

北京市密云区人民法院裁定如下：

驳回原告许某的起诉。

【法官后语】

实践中，很多债务人会选择向金融机构贷款或向自然人举债，一旦资金链断裂，各债权人通常会选择起诉或申请强制执行，并申请对债务人财产采取查封、扣押、冻结措施，进而出现多个债权人对同一执行标的申请采取强制执行措施的情形。有的执行标的虽然登记在被执行人名下，但有时被执行人并非真正的权利人，或者与其他债权人相比，该案的申请执行人的权利不够“优先”。为此，法律规定了执行程序中案外人的救济权利如案外人执行异议之诉，该诉讼的目的在于通过诉讼排除对执行标的物的强制执行，是法律赋予案外人的一种实体上的救济途径。但是，若案外人向轮候查封法院提出执行异议之诉，法院不宜进行实体审理，对其提起的执行异议之诉应不予受理，裁定驳回起诉。主要理由如下：

第一，根据《最高人民法院关于人民法院民事执行中查封、扣押、冻结财产的规定》第二十六条第一款规定，对已被人民法院查封、扣押、冻结的财产，其他人民法院可以进行轮候查封、扣押、冻结。查封、扣押、冻结解除的，登记在先的轮候查封、扣押、冻结即自动生效。轮候查封是一种法院已经作出但尚未生效、待定的执行措施，尽管对当事人、利害关系人或者案外人的权益具有潜在影响，但其毕竟不属于正式查封，仅是对已查封的财产排队等候，在转化为正式查封之前，这种排队等候的权利不是使被执行人丧失财产处分权的原因。因此，对于案外人而言，轮候查封并不会产生强制执行的效果，不会直接损害其对标的物享有的实体权利，案外人于实体权利受到侵害之前无权启动救济程序。

第二，《最高人民法院关于首先查封法院与优先债权执行法院处分查封财产有关问题的批复》第一条规定，执行过程中，应当由首先查封、扣押、冻结法院负责处分查封财产。故在执行程序中，首先查封法院对执行标的物具有处置权，是否予以评估拍卖、变卖等处置均由首先查封法院依法处理。因此，对于轮候查封法院而言，在未得到首先查封法院的同意移交执行标的物处置权时，其对执行标的物不具有处置权和实际控制权，无权对查封物进行处分，不存在被查封标的物权利人以异议阻止执行的前提。

第三，如果对同一执行标的物查封法院、轮候查封法院均受理该案外人异议，则违反禁止重复起诉的原则，造成重复异议，且不同执行法院之间对同一案外人就同一执行标的物以相同理由所提执行异议，可能作出相互矛盾的裁判，既缺乏实际意义，也徒增当事人诉累。本案中，本院作为京 HLY×××车辆的轮候查封法院，不具有对执行标的物的处置权，不宜对案外人许某提起的执行异议之诉进行实体审理，对其提起的执行异议之诉应不予受理，故裁定驳回起诉。

综上，为节约司法资源，统一裁判尺度，相关权利人应以是否获得处置权为标准主张权利，在未获得处置权的情形下，应向首查封法院针对正式查封行为提起执行异议、申请复议，或者提出案外人异议、案外人异议之诉，并由其对案外人是否享有足以排除强制执行之实体权利进行审理，相关法院针对正式查封行为作出的生效执行裁定或者生效判决具有终局效力。坚持对轮候查封行为提起异议或执行异议之诉的，应当裁定驳回异议、不予受理或驳回起诉，并告知其应当针对法院的正式查封行为主张权利。

编写人：北京市密云区人民法院　韦培成　刘文静

39

异议人在作出同意履行的意思表示后，又以超过申请时效为由提出抗辩的，依法应不予支持

——某矿业公司执行异议案

【案件基本信息】

1. 裁判书字号

浙江省衢州市龙游县人民法院（2022）浙0825执异27号执行裁定书

2. 案由：执行异议

3. 当事人

申请执行人：某爆破公司

被执行人（异议人）：某矿业公司

【基本案情】

浙江省衢州市龙游县人民法院经审理查明，某爆破公司与被告某矿业公司劳务合同纠纷一案，本院于2020年1月7日作出（2019）浙0825民初3156号民事判决，判令某矿业公司支付某爆破公司劳务费及税金999599.77元及赔偿利息损失，该判决于5月19日生效。判决生效后，因某矿业公司未按判决履行，某爆破公司于2022年8月26日向本院申请强制执行，本院同日编立（2022）浙0825执1434号案件并予执行。

执行过程中，2022年9月2日，某矿业公司的法定代表人在执行调查笔录中称：9月10日以后和申请执行人做个协商，因为一下子凑齐比较困难，只能分期，根据矿石拉出去的情况，一周一结，或者10天一结，一次10万元、15万元或者20万元，几次把这个钱还掉。但次日，某矿业公司改口，书面向龙游

法院提出执行异议，以审判程序违法，案件执行已过时效为由，请求终结该案的执行。

【案件焦点】

1. 关于审判程序是否违法问题；2. 关于执行申请是否超时效问题。

【法院裁判要旨】

浙江省衢州市龙游县人民法院经审理认为：法律规定申请执行期限的目的在于促使当事人及时行使法律所确认的权利，促使生效法律所确定的内容得以实现。诉讼时效期间届满权利本身并不消灭，只是导致权利效力减损。时效期间届满义务人可以放弃时效利益。《中华人民共和国民事诉讼法》第二百四十六条第一款规定："申请执行的期间为二年。申请执行时效的中止、中断，适用法律有关诉讼时效中止、中断的规定。"而根据《中华人民共和国民法典》第一百九十二条规定："诉讼时效期间届满的，义务人可以提出不履行义务的抗辩。诉讼时效期间届满后，义务人同意履行的，不得以诉讼时效期间届满为由抗辩；义务人已经自愿履行的，不得请求返还。"本案在某爆破公司向本院申请执行后，本院执行局经对异议人某矿业公司的法定代表人诸葛培松进行调查询问，诸葛培松表示"愿意与申请执行人协商，采取分期付款的形式把这个钱还掉"，表明其同意履行义务，故异议人在作出同意履行的意思表示后，又以超过申请时效为由提出抗辩的，依法应不予支持。异议人某矿业公司提出的执行依据（2019）浙 0825 民初 3156 号民事判决程序违法、应予以撤销的异议理由，应当通过再审或其他程序解决，并非本案的审查范围。综上所述，对异议人某矿业公司所提的异议请求，本院不予支持。依照《中华人民共和国民法典》第一百九十二条，《中华人民共和国民事诉讼法》第二百三十二条、第二百四十六条和《最高人民法院关于人民法院办理执行异议和复议案件若干问题的规定》第十七条第一项之规定，裁定如下：

驳回某矿业公司异议请求。

该公司不服执行裁定，申请复议。浙江省衢州市中级人民法院判决如下：

驳回某矿业公司的复议申请，维持浙江省龙游县人民法院（2022）浙0825执异27号执行裁定。

【法官后语】

正如古希腊谚语所云："法律不保护躺在权利上睡觉的人。"执行异议是法律赋予权利人依法维护自身正当权益的有效途径，应当依据事实并提供有效证据予以证明。但是实务中，经常碰到被执行人为了对抗执行滥用执行异议，企图恶意拖延执行，既侵害债权人的合法权益又浪费司法资源。因此，执行员在收到执行异议申请时，应先做必要审查，对于明显无证据的、不合理的应当告知，如权利人仍坚持异议，应书面告知相关后果。如本案中被执行人提出执行依据程序违法、应予以撤销的异议理由，并非法律规定的执行异议的审查范围，应当告知通过再审或其他程序解决。

第一，关于执行申请是否超时效问题。《中华人民共和国民事诉讼法》第二百五十条，《中华人民共和国民法典》第一百九十二条对诉讼时效作了规定。异议人某矿业公司的法定代表人在笔录中表示"愿意与申请执行人协商，采取分期付款的形式把这个钱还掉"，表明其同意履行义务，故异议人在作出同意履行的意思表示后，又以超过申请时效为由提出抗辩的，依法应不予支持。

第二，关于审判程序是否违法问题。《最高人民法院关于人民法院办理执行异议和复议案件若干问题的规定》（以下简称《规定》）第七条规定：……除本规定第十九条规定的情形外，被执行人以执行依据生效之前的实体事由提出排除执行异议的，人民法院应当告知其依法申请再审或者通过其他程序解决。第十九条规定："当事人互负到期债务，被执行人请求抵销，请求抵销的债务符合下列情形的，除依照法律规定或者按照债务性质不得抵销的以外，人民法院应予支持：（一）已经生效法律文书确定或者经申请执行人认可；（二）与被执行人所负债务的标的物种类、品质相同。"本案中，异议人某矿业公司提出的执行依据（2019）浙0825民初3156号民事判决程序违法、应予以撤销的异议理由，不属于《规定》第十九条规定的情形。

编写人：浙江省衢州市龙游县人民法院　金尹伟

40

因未成年人侵权其监护人被判决担民事赔偿责任，未成年人成年而具有完全民事行为能力后可以追加为被执行人

——胡某某申请追加被执行人案

【案件基本信息】

1. 裁判书字号

重庆市云阳县人民法院（2023）渝0235执异32号执行裁定书

2. 案由：申请追加被执行人

3. 当事人

申请执行人：胡某某

被执行人：孙某某、黄某某

被申请人：孙某

【基本案情】

孙某系黄某某与孙某某之子，于1996年12月15日出生。2013年12月16日，年仅17岁的孙某骑自行车将胡某某撞倒，诊断为特重型颅脑外伤，经司法鉴定，胡某某的伤残程度为五级。2014年10月29日，重庆市云阳县人民法院作出（2014）云法民初字第02237号民事判决书，判决被告黄某某、孙某某赔偿胡某某医疗、护理等费用425274.30元。判决生效后，黄某某、孙某某未主动履行生效法律文书确定的义务，胡某某于2015年2月5日向法院申请强制执行。在执行过程中，因被执行人黄某某与孙某某无财产可供执行，本案于2015年7月20日以终结本次执行程序结案。2023年6月5日，胡某某以孙某为实际侵权人且已成年并具有履行能力，申请追加孙某为本案被执行人。

【案件焦点】

因未成年人侵权其监护人被判决担民事赔偿责任，未成年人成年而具有完全民事行为能力后是否可以追加为被执行人。

【法院裁判要旨】

重庆市云阳县人民法院经审理认为：侵权行为人本人承担责任，是现代法律有关侵权责任的基本原则，侵权人要对自己的行为承担民事责任。监护人对无民事行为能力人、限制民事行为能力人所承担的赔偿责任属于替代责任，是基于特定关系存在的事实，而非责任人自身的行为或过错，替代责任的承担并不排除行为人本身所应承担的民事责任。当侵权人成年后，有较强的经济能力和独立的责任财产，如果受害人在遭受严重损害后，却因侵权人的监护人无可供财产执行而未获赔偿，仅以监护人的替代责任而豁免侵权行为人本人的赔偿义务，有失公平性基础。综上，申请执行人的申请理由成立，应予以支持。据此，依照《中华人民共和国民事诉讼法》第一百五十四条第一款第十一项、《最高人民法院关于民事执行中变更、追加当事人若干问题的规定》第一条、第二十八条的规定，裁定如下：

追加被申请人孙某为申请执行人胡某某与被执行人孙某某、黄某某健康权纠纷一案的被执行人。

裁定后，双方当事人均未提起复议，本裁定现已生效。

【法官后语】

根据《中华人民共和国民法典》（以下简称《民法典》）第一千一百六十五条、第一千一百八十八条、《最高人民法院关于适用〈中华人民共和国民事诉讼法〉的解释》第六十七条的规定，能否追加孙某为本案被执行人，应当从责任自负原则、替代责任、既判力扩张、受害人利益保护等多方面综合分析，追加成年后的侵权人为被执行人，受害人权益才能得到更充分的救济。

第一，从侵权责任主体来讲，未成年人作为侵权人，应当承担责任，符合责任自负原则。《民法典》第一千一百六十五条规定：“行为人因过错侵害他人民事权益造成损害的，应当承担侵权责任。”侵权行为人本人承担责任，是现代法律有关侵权责任的基本原则，也符合社会公众对公平正义的普遍认知，侵权人要对自己的行为承担民事责任。

第二，从监护人责任的性质来看，其为替代责任。《民法典》第一千一百八十八条规定：“无民事行为能力人、限制民事行为能力人造成他人损害的，由监护人承担侵权责任。监护人尽到监护职责的，可以减轻其侵权责任。有财产的无民事行为能力人、限制民事行为能力人造成他人损害的，从本人财产中支付赔偿费用；不足部分，由监护人赔偿。”由此可见，法律上并未免除未成年人的财产责任，监护人对无民事行为能力人、限制民事行为能力人所承担的赔偿责任属于替代责任，因此未成年人成年后，其对赔偿责任的承担，也符合立法精神。

第三，民事判决主文的既判力及于未成年人。《最高人民法院关于适用〈中华人民共和国民事诉讼法〉的解释》第六十七条规定：“无民事行为能力人、限制民事行为能力人造成他人损害的，无民事行为能力人、限制民事行为能力人和其监护人为共同被告。”根据该条规定，未成年人侵权案件中，未成年人与其监护人为共同被告，未成年人虽因其行为能力无法直接承担侵权赔偿责任，但其在民事诉讼中的诉讼地位仍系被告。未成年人与其监护人在诉讼中是诉讼担当关系，监护人是诉讼担当人，未成年人是诉讼被担当人，民事判决主文的既判力及于未成年人。虽然判项并未明确从未成年人财产支付赔偿，但因为诉讼担当关系，判决主文的既判力及于未成年人，判决主文的执行力也及于未成年人。虽然追加被执行人要遵循法定主义，必须在《最高人民法院关于民事执行中变更、追加当事人若干问题的规定》中有明确规定，但法定诉讼担当属于既判力扩张及执行力扩张的特殊情形，故不需在《最高人民法院关于民事执行中变更、追加当事人若干问题的规定》中专门规定。

第四，侵权人成年后承担责任符合公平正义原则，也符合社会公众的普遍认知。当侵权人尚未成年时，由监护人承担替代赔偿责任，符合法律对监护人监护责任的要求，有利于最大限度弥补受害人的损失。当侵权人成年后，有较强的经济能力和独立的责任财产，却因侵权人的监护人无可供财产执行而未获赔偿，仅以监护人的替代责任而豁免侵权行为人本人的赔偿义务，有失公平性基础。追加成年后的侵权人为被执行人，可以更好地保护受害人的权益。

综上，在执行程序中，因监护人无财产可供执行，受害人的损失难以得到赔偿，当未成年人成年且具有完全民事行为能力后，申请执行人申请追加其为被执行人的，人民法院可以裁定追加，确保受害人权益得到充分救济。

编写人：重庆市云阳县人民法院　刘放　任政凯

41

执行和解后恢复执行的时效问题

——叶某某执行异议案

【案件基本信息】

1. 裁判书字号

浙江省丽水市莲都区人民法院（2023）浙1102执异29号执行裁定书

2. 案由：执行异议

3. 当事人

申请执行人：丽水某银行

被执行人（异议人）：叶某某

【基本案情】

原告丽水某银行与被告叶某某信用卡纠纷一案，丽水市莲都区人民法院于2017年10月25日作出（2017）浙1102民初5463号民事判决书，判决：被告叶某某于本判决生效之日起十五日内归还原告丽水某银行透支款本金人民币94218.97元并支付利息、还款违约金（截至2017年6月7日止的利息为

9046.35 元、还款违约金为 7222.53 元，之后的利息按合同约定计算至款项还清之日止）。因被告叶某某未予履行，原告丽水某银行申请执行，本院于 2018 年 1 月 2 日执行立案，案号为（2018）浙 1102 执 11 号。2018 年 1 月 4 日，丽水某银行提出撤销执行申请：“因欠款人于 2018 年 1 月 3 日已全额还清本金及部分利息，经与欠款人协商，剩余欠款限定 1 个月内还清。经研究决定，我单位申请撤销本次案件的执行。”本院于 2018 年 1 月 12 日作出执行裁定书，终结（2017）浙 1102 民初 5463 号案件的执行，并告知撤销申请而终结执行后，申请执行人在法定申请执行时效内，可再次申请执行。

2023 年 1 月 23 日，丽水某银行申请恢复执行，该院于 2023 年 7 月 5 日以（2023）浙 1102 执恢 690 号恢复执行，并向叶某某发送相关法律文书。被执行人叶某某以丽水某银行的恢复执行申请超过时效为由向该院提出执行异议。

【案件焦点】

叶某某提出丽水某银行申请恢复执行已过时效是否应予支持。

【法院裁判要旨】

浙江省丽水市莲都区人民法院经审理认为：《中华人民共和国民事诉讼法》第二百四十六条规定：“申请执行的期间为二年。申请执行时效的中止、中断，适用法律有关诉讼时效中止、中断的规定。前款规定的期间，从法律文书规定履行期间的最后一日起计算；法律文书规定分期履行的，从最后一期履行期限届满之日起计算；法律文书未规定履行期间的，从法律文书生效之日起计算。”《最高人民法院关于执行和解若干问题的规定》第十条规定：“申请恢复执行原生效法律文书，适用民事诉讼法第二百三十九条申请执行期间的规定。当事人不履行执行和解协议的，申请恢复执行期间自执行和解协议约定履行期间的最后一日起计算。”本案执行和解协议约定剩余欠款于 1 个月内还清，即于 2018 年 2 月 4 日前还清，本案要求恢复执行的申请应当于 2020 年 2 月 4 日前提出，丽水某银行申请恢复执行超过法定期限。异议人叶某某要求驳回丽水某银行恢复执行的申请并要求终结执行，该异议请求符合法律规定，应予支持。

浙江省丽水市莲都区人民法院依照《中华人民共和国民事诉讼法》第二百三十二条、第二百四十六条，《最高人民法院关于执行和解若干问题的规定》第一条、第十条，《最高人民法院关于人民法院办理执行异议和复议案件若干问题的规定》第十七条第二项之规定，裁定如下：

终结本院（2017）浙 1102 民初 5463 号民事判决的执行。

【法官后语】

达成执行和解协议后，一方当事人不履行和解协议，另一方申请恢复执行的案例在执行实务中比较常见。实践中，对于执行中达成和解协议的，有些法院会裁定中止执行，有些法院会裁定终结执行，还有法院会裁定终结本次执行。而在终结执行裁定中多数法官会写明一方不履行和解协议时，对方申请恢复执行的时效。但是，法院的裁定标准因时间、地域、裁定人不同，也不尽然规范。实践中对不履行与不完全履行和解协议判断，以及和解协议履行期间的最后一日的判定，需要结合个案具体分析。

一、达成执行和解协议后的结案方式选择

在执行过程中，为促成案结事了，当事人双方往往会就原生效法律文书的内容进行协商，以变更履行标的、期限、地点和方式等达成执行和解。对于达成执行和解后案件的结案方式，现实中的做法主要有：一是依申请终结或中止执行。此根据《最高人民法院关于适用〈中华人民共和国民事诉讼法〉的解释》第四百六十六条的规定，申请执行人与被执行人达成和解协议后请求中止执行或者撤回执行申请的，人民法院可以裁定中止执行或者终结执行。二是以“和解长期履行”终结执行。根据《最高人民法院关于进一步规范近期执行工作相关问题的通知》第三条规定，当事人达成执行和解协议，需要长期履行的，可以以“终结执行”方式（选择“和解长期履行”情形）报结；对该种情形终结执行的案件，在报结时可以不解除强制执行措施。合理利用和解长期履行终结执行结案，对于促进“和解长期履行”案件及时报结提高结案率，缓解执行案件压力极具现实意义。

但是，实践中也存在部分法院以终结本次执行的方式进行结案，根据《最高人民法院关于严格规范终结本次执行程序的规定（试行）》第一条，终结本次执行必须符合相应的条件，达成执行和解协议，明显不属于终本的条件，因此，以达成和解协议为由终本不符合最高院对于终本的要件要求。

二、因未履行执行和解协议而申请恢复执行的时效问题

根据《中华人民共和国民事诉讼法》第二百五十条，申请执行的期间为二年。申请执行时效的中止、中断，适用法律有关诉讼时效中止、中断的规定，以及《最高人民法院关于适用〈中华人民共和国民事诉讼法〉执行程序若干问题的解释》第二十条，申请执行时效因申请执行、当事人双方达成和解协议、当事人一方提出履行要求或者同意履行义务而中断。从中断时起，申请执行时效期间重新计算，法院因双方达成执行和解依法终结执行或中止执行后，申请执行期间因达成执行中的和解协议而中断，其期间自和解协议约定履行期限的最后一日起重新计算。因此，申请人以被执行人未履行执行和解协议为由申请恢复执行，其恢复执行需要受到执行时效的限制，时效从和解协议约定履行期的最后一日重新起算。具体到本案，执行和解协议约定剩余欠款于1个月内还清，即于2018年2月4日前还清，因此申请人应当于2020年2月4日前提出恢复执行的申请，而根据法院不主动审查诉讼时效的原则，丽水某银行超过法定期限申请恢复执行，法院应当立案，现叶某某以超过时效为由提出驳回丽水某银行恢复执行的申请并要求终结执行，则应依法予以支持。

此外，《最高人民法院关于执行和解若干问题的规定》第九条规定："被执行人一方不履行执行和解协议的，申请执行人可以申请恢复执行原生效法律文书，也可以就履行执行和解协议向执行法院提起诉讼。"如果超过了两年恢复执行的申请时限，当事人只能就和解协议约定的内容向法院重新提起诉讼，但是该起诉时间也会受诉讼时效的限制，一般诉讼时效是三年时间。错过恢复执行的二年时间，很有可能继续错过三年的诉讼时效，最终导致丧失胜诉权和法院强制执行力的保障。

法律设定申请执行、恢复执行时效的目的在于促使当事人及时行使生效法律文书所确定的权利，节约司法成本，稳定交易秩序，促进社会发展。如果作

为申请人的一方怠于行使自己的权利，那么法律将会让申请人自己承受因其怠于行使权利的不利后果。综上，为充分保障胜诉当事人的权益，法官在促成双方执行和解或者审查执行和解协议的过程中，应当建议协议中明确约定履行债务的期限，并约定如被执行人未按和解协议履行支付义务的，申请执行人有权立即向法院申请恢复执行，届时被执行人应按生效法律文书规定金额履行支付义务。同时，和解协议履行过程中，申请执行人应及时关注被执行人的履约情况，通过书面方式督促被执行人履行支付义务，留存催款的送达材料、催款邮件、电话录音等能够证明已向被执行人主张权利的证据。如后续向法院申请恢复执行，可一并向法院进行提交，以证明申请执行时效期间存在中断情形，本次申请恢复执行未超过时效期间。

编写人：浙江省丽水市莲都区人民法院　潘玲玲

七、其他

42

执行异议之诉中让与担保权利人恶意诉讼的审查与处理

——孟某某诉石某某案外人执行异议之诉案

【案件基本信息】

1. 裁判书字号

黑龙江省高级人民法院（2023）黑民再345号民事判决书

2. 案由：案外人执行异议之诉

3. 当事人

原告（上诉人、再审被申请人）：孟某某

被告（被上诉人、再审申请人）：石某某

【基本案情】

2015年2月14日，孟某某与苏某某、姜某某就案涉房屋签订房屋买卖协议，约定房款260万元于协议签订之日起由孟某某一次性支付，苏某某、姜某某同时将钥匙交付孟某某，2015年4月9日，一审法院作出民事裁定书，裁定查封登记于姜某某名下的案涉房屋。2015年7月8日，孟某某以其购买案涉房屋为由向一审法院提出执行异议，要求解除案涉房屋的查封。2015年11月10日，一审法院裁定驳回了孟某某的异议申请。2016年1月16日，孟某某又在案涉房屋的执行中提出异议。2016年5月9日，一审法院作出执行异议裁定，驳回了其异议申请。孟某某遂向一审法院提起本案执行异议之诉，请求判令解除对案涉房屋的查封，确认案涉房屋归其所有，诉讼费由石某某负担。

【案件焦点】

1. 苏某某与孟某某之间是否成立房屋买卖合同关系，双方签订的房屋买卖合同性质如何界定，是否为借贷担保；2. 孟某某是否享有足以排除强制执行的民事权益。

【法院裁判要旨】

黑龙江省富锦市人民法院经审理认为：苏某某与孟某某虽签订了房屋买卖合同，但其对签订合同的意思表示究竟为房屋买卖还是借款担保的证言多次反复，仅凭书证难以确定案件事实。根据合同签订时证人证言，认定双方系借款关系，签订房屋买卖合同系以案涉房屋作为借款的担保。根据《最高人民法院关于人民法院办理执行异议和复议案件若干问题的规定》第二十八条的规定，案外人须同时满足四个条件时方享有排除执行的民事权益。而本案中，孟某某与姜某某、苏某某虽然签订了房屋买卖协议，但是协议实际上是姜某某、苏某某向孟某某借款140万元的抵押担保。姜某某虽然为孟某某出具了260万元的购房收据，但是“购房”款中，只有100万元转账到苏某某指定账户内，除苏某某认可的40万元现金（扣除利息7万元，还账24万元，还剩现金9万元）外，没有证据证明另外120万元的交付方式，故不能认定孟某某已支付全部价款。关于是否在查封前已合法占有案涉房屋问题。修锁部出具的2015年3月10日给孟某某换锁芯收据，因证人未到庭作证。更换大铁门、卷帘门、单元套锁、安装了大库卷帘门、缴纳取暖费等都是在法院查封案涉房屋后，孟某某证明案涉房屋于法院查封前已交付的证据不足，不能认定孟某某在法院查封之前已合法占有案涉房屋。孟某某对案涉房屋不享有排除执行的民事权益，判决如下：

驳回孟某某的诉讼请求。

孟某某不服，提出上诉。

黑龙江省佳木斯市中级人民法院经审理认为：孟某某提交的房屋买卖协议、购房款收据及证人证言都能够证明其与苏某某、姜某某形成了真实的房屋买卖合同关系。购房款共计 260 万元，以现金方式交付 160 万元，能够提供借据、支付利息收据等证据证实，其余 100 万元通过银行转存方式支付，能够提供银行取款、存款凭证等证据予以证实。房屋买卖协议签订后，苏某某即向孟某某交付房产证、土地使用证和房屋钥匙，并向租户告知房屋买卖、房主变动及续租事宜，前述行为均发生在法院查封案涉房屋前。案涉房屋未办理过户并非孟某某过错，而是因姜某某原因未能办理。综上，孟某某对案涉房屋享有的民事权益符合《最高人民法院关于人民法院办理执行异议和复议案件若干问题的规定》第二十八条的规定，足以排除强制执行。判决如下：

撤销一审判决，停止对案涉房屋的执行，驳回孟某某的其他诉讼请求。

石某某不服，申请再审。

黑龙江省高级人民法院经审理认为：石某某在本案再审期间举示了三份《公证书》，公证事项为一份欠据和两份证明。欠据为 2016 年 11 月 14 日，孟某某与其配偶马某杰出具的《欠据》："今欠姜某某和苏某某人民币 120 万元整。"同日，孟某某出具《证明》："因姜某某将自己名下的三层楼房屋以人民币 260 万元价格协议卖给孟某某时，虽然姜某某亲笔给孟某某出具了一张收到 260 万元卖房款的收据，但因双方始终未办理房屋产权过户登记手续，实际此笔买房款，买房人孟某某至今分文未支付给卖房人姜某某和苏某某。特此证明。"同日，苏某某、孟某某出具的《证明》内容为："今有孟某某夫妇给苏某某夫妇出具的 120 万元整欠据一张，由见证人陈某友保管，若法院判决双方房屋买卖关系成立或有效，房屋过户给孟某某夫妇，经双方约定，房屋过户给孟某某夫妇之后，如想留此房返给苏某某夫妇 120 万元整，若房屋实际卖价没有达到苏某某夫妇所欠孟某某夫妇借款 140 万元和 50 万元费用及房屋过户费用（过户费用按实际发生费用计算），该房屋所卖钱款和房屋的处置权归孟某某夫妇所拥有和支配。如果该房屋所卖价格超过苏某某夫妇欠孟某某夫妇的 190 万元，超过部分的所有钱款归苏某某夫妇所有。经双方协商，苏某某夫妇在2017年6月30日之前没能赎回房屋，孟某某夫妇有权对外出卖此房屋，房屋价格按当时市场评估价格（评估机构评估作价）过户后，苏某某夫妇所欠孟某某钱款190万元从2017年1月1日起按1分利率计算付给孟某某夫妇。（补充说明：若孟某某夫妇不想留此房屋，该房屋由孟某某夫妇负责出售，苏某某夫妇配合）”结合以上事实，孟某某与苏某某形成民间借贷关系，并就案涉房屋签订买卖合同，作为借款的担保，在不能偿还借款的情况下，以案涉房屋抵偿孟某某的借款及利息，溢价部分返还苏某某，孟某某夫妇为此出具的120万元欠据。由于双方仅签订房屋转让协议，未进行房屋所有权转移登记，所形成的“后让与担保”不具有物权效力。现孟某某以其系案涉房屋的买受人提出执行异议，二审法院参照《最高人民法院关于人民法院办理执行异议和复议案件若干问题的规定》第二十八条规定认定其享有排除强制执行的民事权益。让与担保和财产转让的性质截然不同，财产转让协议的目的是一方转让财产，另一方支付转让费用。让与担保协议虽然名为买卖协议，但协议的目的在于为主债务担保，系债权债务合同的从合同，受让人既无需支付对价，亦无权在债务清偿前处分担保财产。因此，人民法院在审理让与担保权利人提出的执行异议之诉案件时，应认定其享有让与担保从权利不能排除强制执行。而未办理不动产物权登记的后让与担保权利人，更不具有依据不动产转让协议排除强制执行的民事权益。本案中，孟某某与苏某某正是基于让与担保行为与房屋转让行为均签订了房屋买卖协议的共同特征，仅向人民法院举示从合同房屋买卖协议，并以房屋买受人的身份提出执行异议，在一审法院已经认定“双方签订的房屋买卖协议属于借款担保为由，驳回孟某某的异议”，依然提出执行异议之诉。诉讼中，孟某某、苏某某在借款100万元情况下，虚构交付160万元现金购房款的事实，签订房屋买卖协议唯一中间人已经证实双方非房屋买卖关系，一审法院驳回孟某某诉讼请求后，其又提出上诉。二审法院审理过程中，孟某某与苏某某将孟某某出租房屋抵顶借款的房屋钥匙交付，陈述为房屋转让的钥匙交付行为，虚假陈述其他在场人可以证实双方存在房屋买卖的意思表示，以及2015年春节过后，因苏某某妻子姜某某外出看病，未办理产权变更登记的事实。由于孟某某与苏某某虚假陈述及举证行为完全对应《最高人民法院关于人民法院办理执行异议和复议案件若干问题的规定》第二十八条规定的排除执行的情形，致使二审法院参照前述规定作出孟某某享有案涉房屋物权期待权的认定。二审法院作出生效判决后，2021 年 10 月 29 日，苏某某向公证处申请对《欠据》及两份《证明》进行公证。其内容反映出苏某某、孟某某虚构双方形成房屋买卖合同关系、交付 260 万元的事实，严重干扰了人民法院的民事诉讼活动，孟某某抗辩受苏某某胁迫才签字捺印，但该理由与其实施的虚假陈述行为明显相悖，不予采信。应认定孟某某作为借款出借人及以买卖合同形式担保借款的合同相对人，对案涉房屋不享有排除执行的民事权益。此外，《中华人民共和国民事诉讼法》第十三条第一款明确将诚实信用规定为民事诉讼的基本原则，当事人进行民事诉讼应当严格予以遵守，保证所提供的证据和所提出的事实主张的真实性。《最高人民法院关于防范和制裁虚假诉讼的指导意见》第一条指出了虚假诉讼一般包含以下要素：以规避法律、法规或国家政策谋取非法利益为目的；双方当事人存在恶意串通；虚构事实；借用合法的民事程序；侵害国家利益、社会公共利益或者案外人的合法权益。孟某某、苏某某在本案审理中包含了以上要素，二人恶意串通以规避人民法院强制执行为目的，虚构事实，借用执行异议及执行异议之诉的民事程序，侵害申请执行人的合法权益，破坏了社会诚信，扰乱了正常诉讼程序，应当依法予以制裁。对此，本院将依照《中华人民共和国民事诉讼法》的有关规定对孟某某、苏某某的虚假陈述行为另行作出处罚决定。

判决如下：

一、撤销二审判决；

二、维持一审判决。

【法官后语】

执行异议之诉案件审理中，在案外人与被执行人形成的一个民事法律行为同时具备两个民事法律关系属性的情况下，案外人选择非双方真实意思表示的，且对其有利的民事法律关系为理由提出执行异议，再围绕该民事法律关系补强相关证据。此种利用强制措施前已有的民事合同为证据，采取原合同+虚假陈述的方式进行虚假诉讼，更具有迷惑性及实操性，亦可实现转移被执行财产、规避执行的非法目的，应在执行异议之诉中重点审查和区分，惩罚虚假诉讼行为。

本案系执行异议之诉案中，案外人与被执行人以签订买卖合同作为二人间借款合同的担保，人民法院查封案涉房屋后，案外人以其为房屋买受人为由主张权利，提出执行异议要求排除执行。执行异议之诉中，案外人与被执行人仅提供以房屋买卖合同等用以证明房屋买卖关系的相关证据，共同隐瞒真实情况，导致一审、二审法院无法真实全面了解案件事实，未能准确识别双方真实法律关系。再审审查过程中，申请执行人举示的新证据能够证明案外人与被执行人签订的买卖合同实为二人借款关系的担保，二人之间未成立买卖合同关系，自不存在《最高人民法院关于人民法院办理执行异议和复议案件若干问题的规定》第二十八条的适用空间，据此认定案外人不存在排除执行的民事权益，判决撤销原判决，并继续对执行标的的执行。同时，因案外人与被执行人通谋虚伪、隐瞒事实、虚假陈述，严重扰乱人民法院认定事实及正常司法秩序，亦应对前述行为受到处罚。本篇案例反映了执行异议之诉案件审查中一类较有代表性的虚假诉讼、恶意诉讼现象，此类案件的审查与处理，对申请执行人胜诉权的顺利兑现和诉讼秩序的理性构建都具有十分重要的意义。

一、《最高人民法院关于人民法院办理执行异议和复议案件若干问题的规定》第二十八条在执行异议之诉中的适用

《最高人民法院关于人民法院办理执行异议和复议案件若干问题的规定》第二十八条规定是执行中关于无过错不动产买受人物权期待权保护条件的规定，旨在保护签订不动产买卖合同之后，已经占有不动产，又未及时办理登记买受人的民事权益。不动产买受人的物权期待权虽未纳入我国现行物权法的规范体系，但作为执行程序中案外人排除强制执行的特殊权利属性，已由相关司法解释在实践中得到保护。执行异议之诉案件审查的基本逻辑即在于权利比较，通过对比案外人与申请执行人对执行标的所享有的权利性质，而对保护的紧迫性

作出顺位判断，由此确立了无过错不动产买受人物权期待权的类物权优先于一般债权的审查逻辑。

在针对不动产的执行中，《最高人民法院关于人民法院民事执行中查封、扣押、冻结财产的规定》第十五条规定，被执行人将其所有的需要办理过户登记的财产出卖给第三人，第三人已经支付部分或者全部价款并实际占有该财产，但尚未办理产权过户登记手续的，人民法院可以查封、扣押、冻结；第三人已经支付全部价款并实际占有，但未办理过户登记手续的，如果第三人对此没有过错，人民法院不得查封、扣押、冻结。2015 年 5 月 5 日施行的《最高人民法院关于人民法院办理执行异议和复议案件若干问题的规定》第二十八条将上述进行细化规定："金钱债权执行中，买受人对登记在被执行人名下的不动产提出异议，符合下列情形且其权利能够排除执行的，人民法院应予支持：（一）在人民法院查封之前已签订合法有效的书面买卖合同；（二）在人民法院查封之前已合法占有该不动产；（三）已支付全部价款，或者已按照合同约定支付部分价款且将剩余价款按照人民法院的要求交付执行；（四）非因买受人自身原因未办理过户登记。"前述规定使得执行程序中物权期待权的适用要件更便于判定。执行异议之诉案件中，涉及无过错不动产买受人以其享有物权期待权为由诉请（抗辩）排除强制执行的案件占比较大，由此形成了径行依据《最高人民法院关于人民法院办理执行异议和复议案件若干问题的规定》第二十八条规定进行法律适用的思维惯性，分别对该条规定的四个要件作出判断，以认定案外人是否享有足以排除强制执行的民事权益。本篇案例一审、二审法院即是按此逻辑思维作出案外人排除执行的结论。

然而，执行异议之诉案件的审理与执行异议申请的审查在价值取向、功能定位和审查原则等方面均存在差异。执行程序的价值取向为效率优先，兼顾公平，而审判程序的价值取向则是公平优先，兼顾效率。执行程序中，案外人提出书面异议旨在暂时性或阶段性阻却执行，并不能直接解决其享有实体权利的确认，而执行异议之诉则是通过对案外人所享有的实体权益作出认定，进而从根本上作出阻却执行或准予继续执行的判决。因此，执行部门对案外人异议的审查多数为程序性和阶段性审查，对案外人权利的判断亦局限在形式物权、权利表象上；而审判部门对案外人异议的审查则属于实体性和终局性审查，对案外人权利则需作出实质物权、真实权利的判断。由于执行程序的目的是实现生效判决的执行力，结合执行异议的价值取向、功能定位及审查原则可以认定，执行异议应坚持较高的、外观化的审查标准；而执行异议之诉则需在对案外人主张的民事权益进行实体认定的基础上，作出是否阻却执行的裁判，即是对案外人和申请执行人民事权益（权利）进行比较和取舍的过程。回到《最高人民法院关于人民法院办理执行异议和复议案件若干问题的规定》第二十八条规定本身，审理执行异议之诉案件参照适用该条规定，如果仅就案外人与被执行人就被执行的不动产签订合法有效的书面买卖合同、交付购房款、占有情况和未办理权属登记原因作出判断，那么执行异议之诉就成为执行异议程序的二次重复审查，也就失去了执行异议之诉作为民事审判程序的功能和作用。执行异议之诉应当是兼具确认之诉和形成之诉特点的一类新型诉讼形态，即在执行异议之诉案件中，既要对案外人对执行标的物是否具有某种实体权利作出审查判断，又应对该实体权利能否阻却执行以及是否阻却执行进行审查判断，并据此作出判决，唯此才能真正发挥其不同于一般确认之诉尤其是确权之诉的功能。亦即，不动产买受人物权期待权是否成立，不能只从符合前述四个形式要件进行简单判定，首先需对案外人与被执行人之间的民事法律关系性质作出准确判断，进而对案外人附着于被执行标的物上权利的真实性、合法性作出实质认定。如本案，在案外人与被执行人形成的一个民事法律行为同时具备两个民事法律关系属性的情况下，案外人据以提起执行异议所选择的民事法律关系，是否为双方签订合同时真实意思表示的民事法律关系，更应作为人民法院审理执行异议之诉案件的重点，最大限度去伪存真。本案中，案外人孟某某在外观上具有不动产买受人身份，在证据的表现上案外人确实在查封前与被执行人苏某某、姜某某签订书面《房屋买卖协议》，存在真实的付款行为（非全部购房款数额），案外人以自己的名义对外签订案涉房屋的租赁合同，现案外人孟某某以房屋买受人享有物权期待权主张排除执行。一审法院虽然认为双方实为借款合同关系，并未构成房屋买卖合同关系，但参照《最高人民法院关于人民法院办理执行异议和复议案件若干问题的规定》第二十八条的四个要件进行了审查，继而作出不能排除强制执行的结论。二审法院依据表明证据，认定双方形成房屋买卖合同关系，继而适用该条规定判令停止执行。再审中新的证据表明双方真实法律关系为借款关系，《房屋买卖协议》仅系用于借款担保的从合同，事实上案外人孟某某与被执行人苏某某、姜某某欠缺房屋买卖合意，据以提出执行异议的房屋买卖关系不成立，从而对案外人与被执行人基于《房屋买卖协议》形成的民事法律关系重新作出认定，从根本上改变了原裁判适用《最高人民法院关于人民法院办理执行异议和复议案件若干问题的规定》第二十八条进行裁决的情形。

二、让与担保权利人在执行异议之诉中的保护原则

让与担保是指债务人或者第三人为担保债务的履行，将标的物转移给他人，于债务不履行时，该他人可就标的物受偿的一种非典型担保。《最高人民法院关于适用〈中华人民共和国民法典〉有关担保制度的解释》第六十八条规定："债务人或者第三人与债权人约定将财产形式上转移至债权人名下，债务人不履行到期债务，债权人有权对财产折价或者以拍卖、变卖该财产所得价款偿还债务的，人民法院应当认定该约定有效。当事人已经完成财产权利变动的公示，债务人不履行到期债务，债权人请求参照民法典关于担保物权的有关规定就该财产优先受偿的，人民法院应予支持。债务人或者第三人与债权人约定将财产形式上转移至债权人名下，债务人不履行到期债务，财产归债权人所有的，人民法院应当认定该约定无效，但是不影响当事人有关提供担保的意思表示的效力。当事人已经完成财产权利变动的公示，债务人不履行到期债务，债权人请求对该财产享有所有权的，人民法院不予支持；债权人请求参照民法典关于担保物权的规定对财产折价或者以拍卖、变卖该财产所得的价款优先受偿的，人民法院应予支持；债务人履行债务后请求返还财产，或者请求对财产折价或者以拍卖、变卖所得的价款清偿债务的，人民法院应予支持。债务人与债权人约定将财产转移至债权人名下，在一定期间后再由债务人或者其指定的第三人以

交易本金加上溢价款回购，债务人到期不履行回购义务，财产归债权人所有的，人民法院应当参照第二款规定处理。回购对象自始不存在的，人民法院应当依照民法典第一百四十六条第二款的规定，按照其实际构成的法律关系处理。”据此规定，让与担保民事法律关系在形式上表现为将标的物转让过程中签订买卖协议的转让人和受让人，实质上却是非典型担保的担保人和担保权人。从让与担保的基本构成上看，其具备以下基本特征：一是在设定这一担保时，担保人需将标的物所有权暂时转让给债权人，债权人成为形式上的所有人；二是为使担保人保持对担保标的物的使用效益，债权人往往与担保人签订标的物的借用或租赁合同，由担保人使用担保标的物；三是债务人履行债务后，债权人应返回标的物所有权；四是在债务人未偿还债务时，债权人并不是当然地取得担保标的物所有权，而是进行清算。①

随着《中华人民共和国民法典》明确规定当事人可以签订其他具有担保功能的合同设立担保物权，对于非典型担保合同的效力问题，普遍倾向于认可让与担保合同的效力。在让与担保关系下签订的买卖合同，通常以“名为买卖，实为担保”的方式进行，这是让与担保在形式上表现为财产转让所致，但两者却是性质不同的民事法律关系。签约人以转让财产为目的而签订的买卖合同，合同双方的主要义务是出卖人转让财产权，买受人支付相应的对价；让与担保作为一种非典型担保合同，合同目的是为主合同的债务提供担保的从合同，即使转移标的物所有权，抑或约定日后将该标的物买回，均是让与担保的履行形式而已，合同相对人之间不存在转移财产权及支付相应对价的真实意思表示。即存在买卖合同外在形式和借款担保的实质目的，合同相对人间达成的共同意思表示与权利外观所反映出的法律关系不一致。相较于抵押、质押这种法定担保物权而言，并无社会公示性。内部关系上表现为担保的民事法律关系，外部关系上则表现为财产转让。

对于让与担保合同在执行异议之诉中产生的法律后果，根据《最高人民法

① 最高人民法院民事审判第二庭编著：《最高人民法院民法典担保制度司法解释理解与适用》，中国法制出版社2021年版，第566页。

院关于适用〈中华人民共和国民法典〉有关担保制度的解释》第六十八条规定，当事人已经完成财产权利变动公示，债权人有权请求参照民法典关于担保物权的规定就该财产优先受偿。在金钱债权的执行中，其作为案外人提出执行异议（执行异议之诉），人民法院应按照担保物权优先受偿权的规定，认定其不享有排除强制执行的民事权益，可在执行分配中实现其优先受偿权。其作为案外人同时请求确认让与担保标的物归债权人所有的，人民法院不予支持。对于认定案外人与被执行人形成让与担保合同关系的问题，应该从让与担保合同从合同属性着手进行审查。当事人之间在买卖合同中约定财产转移的基础上，同时约定债务人不履行到期债务，债权人有权对财产折价或者以拍卖、变卖该财产所得价款偿还债务的内容，或者财产归债权人所有的内容，以及约定在一定期间后再由债务人或者其指定的第三人以交易本金加上溢价款回购内容，比较容易判断买卖合同的让与担保合同属性。如果约定的内容没有明显的让与担保特征，案外人与被执行人又均不向法院举示形成债权债务关系的主合同，则不容易判断买卖合同是否具有让与担保从合同属性，这是特定的买卖合同具有双重属性所造成的。本案中，孟某某与苏某某、姜某某签订《房屋买卖协议》最初未认定为让与担保合同，就是由于案外人与被执行人未以书面形式订立100万元借款的借款合同，又不举示曾经出具的借款《欠据》等证据所致。再审中被执行人苏某某、姜某某出于案涉房屋抵顶借款数额的分歧，举示的《欠据》等证据，证明双方形成了事实上的借款合同关系。

三、执行异议之诉中案外人真实权利的审查

在普通民事诉讼案件中，诉辩双方存在法律上的利害关系，或者形成直接的民事法律关系，双方的诉辩主张能够形成直接对抗，且针对对方举示的证据能够有基本的判断并发表实质性的质证意见，人民法院通过双方的诉辩主张、举证质证意见等查清案件事实。而在执行异议之诉案件中，提出异议的案外人与申请执行人之间并无直接的民事法律关系，申请执行人并未参与案外人与被执行人之间的交易行为，甚至对此毫不知情。无论是案外人执行异议之诉，还是申请执行人执行异议之诉，案外人、申请执行人、被执行人的三者关系中，被执行人只是名义上的被告或者第三人，而被执行人作为知晓申请执行人、案外人两方面事实的当事人，其立场将直接影响对立方当事人的诉辩主张及举证能力，进而影响到诉讼中相关事实的认定。鉴于案外人与申请执行人之间无法形成有效的诉辩主张对抗，申请执行人亦无法对案外人举示的证据发表实质性的质证意见，即使案外人与被执行人为阻却执行而伪造相关证据，申请执行人也无法举示相反证据予以推翻，由此导致人民法院根据当事人诉辩主张及举证、质证情况往往无法查清案件事实。

为了防止被执行人与案外人恶意串通，拖延或对抗执行，在执行异议之诉案件审查中，应当在以下几点进行注意：一是合理划分各方举证责任。确立由案外人承担主要举证责任的原则，引导案外人就法律关系及性质、权利真实性及合法性、排除强制执行效力的构成要件等重要法律事实进行举证。二是限制当事人自认原则的适用范围。即使被执行人对案外人主张事实进行承认，亦不能免除案外人的举证责任。三是全面客观地审核以及主动调取、核实相关证据及事实。申请执行人主张案外人与被执行人存在恶意串通损害其合法权益的，人民法院可依职权主动调查取证或对相关事实进行调查核实，并将调取的证据及核实情况与被执行人、案外人的举证及陈述进行比对，采用时间、因果逻辑规则，作出合理判断，力求人民法院认定的法律事实最大限度接近客观事实。

对于可能存在“名为买卖，实为让与担保”民事法律关系，在审查买卖合同是否存在转移财产所有权的真实意思表示时，可以重点审查合同中是否约定回购条款，如双方当事人在不动产买卖合同或补充协议中，约定出卖人的合同解除权和回购权，甚至形成补偿款或回购款的固定化以及其与出卖人回购房屋时间的对应关系；或者双方约定在出卖人逾期交房的情况下，享有合同解除权的是出卖人而不是买受人，并在此重申出卖人应当在合同解除后给予买受人固定补偿款；或者双方解除权与回购权的行使时间均在约定的不动产交付使用时间之前。前述情形都是非典型担保关系的典型行为方式。具体到本案的审理，一审、二审法院在审查和认定证据过程中曾出现多处疑点，案外人孟某某与被执行人苏某某陈述反复，以证明力相对较弱的证人证言作为定案证据等。在案外人与被执行人针对《最高人民法院关于人民法院办理执行异议和复议案件若干问题的规定》第二十八条规定组织证据的过程中，通过当事人陈述及证人证言形成房屋买卖合同关系成立的证据链条。案外人孟某某与被执行人苏某某、姜某某基于利益驱动进行虚假陈述阻却执行，也是基于利益驱动，被执行人苏某某、姜某某再审中举示新的证据推翻生效判决，因此，辨析被执行人虚假陈述最有效的手段依然要从利益驱动入手，使案外人、被执行人明了虚假陈述必将受到制裁，虚假诉讼即使胜诉依然存在现实及道德风险等，引导当事人遵循民事诉讼的诚实信用原则，不给案外人与被执行人恶意串通、虚假诉讼留有可乘之机。

近年来，执行异议之诉案件的虚假诉讼较多。执行异议之诉案件的审理中，案外人与被执行人隐藏真意提出执行异议的情形还包括：借名买房（借名持股）中对实际权利人的财产采取强制措施，名义权利人依据房屋买卖合同（股权转让协议）提出执行异议；挂靠施工中限制发包人向实际施工人（挂靠人）支付工程款，被挂靠人依据建设工程施工合同提出执行异议；合作开发中查封登记在开发企业名下的房屋，合作人依据以房屋分割利润的商品房买卖合同提出执行异议等情形。此类案件的审查重点在于引导当事人对双方真实意思表示作出真实完整的陈述，严格证据认定，强化对基本事实和细节的询问力度，对存疑事实依法行使调查权，比对当事人举示证据与依职权调查证据，对案外人与被执行人之间真实法律关系的审查，避免对法律条文规定的构成要件进行形式化套用和机械化对应，力求归原事实，高效解纷。对于存在恶意诉讼甚至构成虚假诉讼的，一经查实，即应根据《中华人民共和国民事诉讼法》的相关规定依法作出司法惩戒；构成犯罪的，及时移送公安机关；涉及行政处罚的，及时向相关部门发送司法建议。充分发挥司法裁判的示范作用和教育功能，引导人民群众依法有序参与到诉讼活动中来，推动人民法院工作实现高质量发展。

编写人：黑龙江省高级人民法院　王剑　秦楚齐

43

被执行人名下保险产品的可执行性

——宋某某执行异议案

【案件基本信息】

1. 裁判书字号

北京市丰台区人民法院（2023）京0106执异1844号执行裁定书

2. 案由：执行异议

3. 当事人

申请执行人：许某某

被申请人：宋某

异议人：宋某某

【基本案情】

许某某与宋某民间借贷纠纷一案，北京市丰台区诉前人民调解委员会主持调解，于2023年5月5日作出（2023）京0106民诉前调5992号调解协议。

2023年5月12日，北京市丰台区人民法院作出（2023）京0106诉前调解630号民事裁定书，该民事裁定书确定：申请人许某某与宋某于2023年5月5日经北京市丰台区诉前人民调解委员会主持调解达成的（2023）京0106民诉前调5992号调解协议有效。2023年8月14日，许某某向北京市丰台区人民法院申请强制执行，北京市丰台区人民法院依法受理，案号为（2023）京0106执11857号。

2023年9月，北京市丰台区人民法院强制解除被执行人宋某与某保险公司签订的保险合同，并于2023年9月22日将退保金48203.35元划拨至北京市丰台区人民法院账户，并向申请执行人发还。

2023年11月23日，被执行人的女儿宋某某对北京市丰台区人民法院强制限价退保宋某名下保险的执行行为不服，认为北京市丰台区人民法院扣划投保人为宋某、受益人为宋某某的健康疾病保障功能的保险，损害了受益人宋某某的利益，向北京市丰台区人民法院提出书面异议，请求法院撤销执行强制限价退保宋某名下保险的执行行为，并出具保险复效通知。

【案件焦点】

宋某某请求法院对涉案保险出具复效的请求是否应得到支持。

【法院裁判要旨】

北京市丰台区人民法院经审理认为：依照《中华人民共和国民事诉讼法》第二百三十二条，执行过程中，当事人、利害关系人认为执行行为违反法律规定的，可以向负责执行的人民法院提出书面异议。本案中，被执行人宋某未履行生效法律文书确定的义务，北京市丰台区人民法院对其名下财产采取执行措施，符合法律规定，并无不当。宋某某主张强制限价退保宋某名下保险损害受益人宋某某的利益，请求法院出具保险复效通知，其异议请求缺乏事实和法律依据，北京市丰台区人民法院不予支持。综上，依照《中华人民共和国民事诉讼法》第一百五十七条第一款第十一项、第二百三十二条，《最高人民法院关于人民法院办理执行异议和复议案件若干问题的规定》第十七条第一项之规定，裁定如下：

驳回宋某某的异议请求。

【法官后语】

司法实践中，对于保单现金价值的强制执行存在争议，争议点集中在能够直接强制执行被执行人名下保单的现金价值以及如何平衡保险合同利害相关人的权益保护。首先，对于保单的可执行性问题，我们认为保单的现金价值归属于投保人，且保险合同解除权并不具有人身专属性。因此，投保人、被保险人及受益人不统一的情况下，被执行人为投保人的，保单应作为被执行人的财产进行强制执行。实践中，对于保单所涉及的相关主体以及保单的类型往往是争议较为集中的领域。当被执行人为投保人，而被保险人、受益人并非被执行人，且保单类型为人身保单时，则更易产生争议。《最高人民法院关于人民法院民事执行中查封、扣押、冻结财产的规定》第二条第一款规定，人民法院可以查封、扣押、冻结被执行人占有的动产、登记在被执行人名下的不动产、特定动产及其他财产权。《中华人民共和国保险法》第四十七条规定，投保人解除合同的，保险人应当自收到解除合同通知之日起三十日内，按照合同约定退还保险单的现金价值。《最高人民法院关于适用〈中华人民共和国保险法〉若干问题的解释（三）》第十六条第一款规定，保险合同解除时，投保人与被保险人、受益人为不同主体，被保险人或者受益人要求退还保险单的现金价值的，人民法院不予支持，但保险合同另有约定的除外。当前，大多人身保单发展为了兼具人身保障和理财存储的双重功能，不再仅仅局限于人身健康及生命安全的权益保障。根据保险相关法律规定，我国保险主要是将投保人认定为保险产品的权益主体。结合执行相关的法律规定，我国是认可保险作为被执行人的执行财产类型的。本案中，被执行人宋某的保险产品的投保人皆为宋某本人，虽然保险产品中有终身寿险、两全保险等人身保险种类，但是这类保险名称为“首先（分红型）”“年金保险（万能型）”等，具有较为明显的财产投资属性，应当认定为被执行人的个人财产。

为实现平衡强制执行对申请执行人胜诉权益保护与对被执行人合法权益的妥当保障，应在保障保险合同利害关系人异议权利的同时，对被执行人名下的保单强制退保并扣划保险现金价值后，能否复效要审查是否符合严格的标准。本案中，异议申请人宋某某申请对被扣划的保险进行复效并且归还所扣划的保险现金价值。首先，如前文所述，被执行人的保险产品为被执行人的个人财产，理应纳入强制执行的财产序列，扣划保险产品的现金价值后，即应向申请执行人发还，不应再向被执行人或者相关的案外人退还。其次，对于能否复效保险则应分情况进行审核。对于无需强制解除保险合同，则可以扣划保险现金价值的，则可以直接冻结并扣划保单的现金价值。对于保险公司明确表示，扣划保险产品的现金价值的，需要完成解除保险合同的，则需对被执行人的保险产品进行退保并扣划现金价值。被保险人或者受益人作为异议申请人提出异议，申请复效保险的，则应严格审核是否符合必要权益保护标准以及是否符合比例原则。一方面，如果该保险确实为保障老年人或者未成年人人身健康权益的保险产品，不具备财产属性或者以人身属性为主导，具备部分财产属性的，则应该对保单进行复效。另一方面，如果该保险产品虽然具备较多的现金价值，但是该保险产品不予复效，长远而言，会对受益人或被保险人的个人权益造成重大的损害，不符合比例原则，则应该按照善意执行的理念，在依法保障胜诉当事人合法权益同时，最大限度减少对被执行人权益影响，对该保单进行复效，给予受益人或者被保险人一定的保障。

编写人：北京市丰台区人民法院　杨程硕

44

不予执行公证债权文书事由的认定

——某某集团（深圳）公司申请不予执行公证债权文书案

【案件基本信息】

1. 裁判书字号

广东省深圳市中级人民法院（2022）粤03执异151号执行裁定书

2. 案由：不予执行公证债权文书

3. 当事人

申请人（被执行人）：某某集团（深圳）公司

被申请人（申请执行人）：某某信托公司

被执行人：深圳某公司

【基本案情】

某某信托公司与某某集团（深圳）公司及深圳某公司曾有项目合作和经济往来，为明确双方之间的债权债务关系，2020 年某某信托公司作为债权人与作为债务人的某某集团（深圳）公司经协商一致，达成债权债务确认协议。该协议对双方间的债务金额、债务履行期限、债务履行方式、债务担保、法律适用及争议解决、强制执行公证、协议生效等内容进行了具体约定。某某信托公司、某某集团（深圳）公司向北京市某公证处申请办理该《债权债务确认协议》协议书公证。北京市某公证处受理后，指派了承办公证员。随后，北京市某公证处指派该处工作人员即公证员助理张某某一人，于 2020 年 6 月 5 日前往某某集团（深圳）公司位于深圳市的办公地点，办理了相关事务：实人核验某某集团（深圳）公司委托代理人，并形成《公证 IDC 核验报告》；向某某集团（深圳）公司告知强制执行公证的程序法律后果，并由某某集团（深圳）公司签署《公证当事人权利义务告知书》；让某某集团（深圳）公司签署公证申请表；让某某集团（深圳）公司签署《确认函》，确认使用公章和手签章（或人名章）签署合同的效力等，并提供公司法定代表人签章样本；询问当事人某某集团（深圳）公司；对某某集团（深圳）公司委托代理人就申请公证的意思表示、债权金额、期限、利率等约定、款项用途、公证的具体事项及之后出具执行证书事项等进行谈话，并形成了《谈话笔录》，笔录上某某集团（深圳）公司委托代理人签名、某某集团（深圳）公司盖章，无其他人签名或盖章；当面亲见在《债权债务确认协议》上加盖某某集团（深圳）公司公章和法定代表人印章；现场拍照、录像等。2020 年 6 月 8 日，北京市某公证处出具公证书，承办公证员在公证书上署名。后因某某集团（深圳）公司、深圳某公司未向某某信托公司履行相应的付款义务，申请执行人某某信托公司于 2021 年 11 月 26 日向北京市某公证处申请出具执行证书。申请执行人某某信托公司依据公证书、执行证书等，向深圳中院申请强制执行被执行人某某集团（深圳）公司、深圳某公司，法院予以立案执行。执行过程中，被执行人某某集团（深圳）公司向深圳中院申请不予执行公证债权文书。

【案件焦点】

申请人某某集团（深圳）公司申请不予执行公证债权文书是否符合法律规定。

【法院裁判要旨】

广东省深圳市中级人民法院经审理认为：本案涉及对公证的审查范围及所涉公证是否严重违反法定公证程序的问题。对于司法审查的具体标准，即表现为要判定所涉公证是否严重违反法定公证程序问题。《中华人民共和国公证法》及司法部发布的《公证程序规则》对该问题有明确规定，应依照《中华人民共和国公证法》和该规则规定的程序办理公证业务。根据《中华人民共和国公证法》第二十九条规定，公证机构对申请公证的事项以及当事人提供的证明材料，按照有关办证规则需要核实或者对其有疑义的，应当进行核实，或者委托异地公证机构代为核实，有关单位或者个人应当依法予以协助。《公证程序规则》第二十七条对核实的方式作出了具体规定。核实公证事项以及证明材料，是公证机构的职责，但必须依照《中华人民共和国公证法》和《公证程序规则》规定的程序进行。本案中，北京市某公证处及被申请人某某信托公司均主张，指派公证员助理一人前往公证申请人某某集团（深圳）公司办公场所办理公证事务，系属《公证程序规则》规定的核实、收集书证行为。但从该公证员助理具体办理的事务内容和范围上来看，既有核验人员身份、提取签章样本，又有向公证当事人告知权利义务，还有询问公证当事人、就公证的具体事项进行谈话，更有当场面见当事人签署债权文书等，与核实、收集书证的事务要求不符，其行为系外出办理核实事务，并非属于《公证程序规则》规定的核实、收集书证行为。《公证程序规则》第二十八条明确要求，“公证机构进行核实，应当遵守有关法律、法规和有关办证规则的规定。公证机构派员外出核实的，应当由二人进行，但核实、收集书证的除外。特殊情况下只有一人外出核实的，应当有一名见证人在场”。在对《债权债务确认协议》这一债权文书的公证审查过程中，核验当事人身份、核实当事人意思表示、告知申请公证事项的法律意义和法律后果、见证债权文书的签署等，是办理该债权文书公证的重要事项。

而本案北京市某公证处仅指派公证员助理一人外出办理核实事务，亦没有见证人在场，根本违反了该条外出核实应当由二人进行或有见证人在场的规定，属于严重违反法定公证程序的情形。

广东省深圳市中级人民法院依照《中华人民共和国民事诉讼法》第二百四十五条第二款，《最高人民法院关于公证债权文书执行若干问题的规定》第十二条第一款第五项之规定，裁定如下：

不予执行北京市某公证处公证债权文书。

【法官后语】

人民法院对公证债权文书进行司法审查，既有利于维护当事人权益，也有利于运用司法方式依法对公证机构办理公证进行监督和救济。公证债权文书属于人民法院司法审查范围，被执行人可向人民法院申请裁定不予执行公证债权文书，但审查范围主要限于程序性事由，而不审查公证债权文书涉及的实体事由，申请人提出审查公证债权文书涉及的实体事由的可另行提起诉讼。对此，最高人民法院的司法解释《最高人民法院关于公证债权文书执行若干问题的规定》第十二条第二款、第二十二条第一款作出了明确规定。本案中，申请人某某集团（深圳）公司所主张的涉案债权债务确认协议存在“明股实债”、违反监管规定、某某信托公司信托计划应为通道业务、债权债务确认协议及相关交易文件违背公序良俗而无效等，实质上是其提出公证债权文书载明的民事权利义务关系与事实不符、公证债权文书的内容与事实不符或者违反法律强制性规定、债权债务确认协议的效力发生争议等实体事由，该事由不属本案审查范围，本案不予处理，其可在执行程序终结前，以债权人为被告，向执行法院提起诉讼，请求不予执行公证债权文书。

对于公证是否严重违反法定公证程序的判定问题。《中华人民共和国公证法》、司法部发布的《公证程序规则》规定，应依照《中华人民共和国公证法》和该规则规定的程序办理公证业务。《中华人民共和国公证法》第二十九条规定，公证机构对申请公证的事项以及当事人提供的证明材料，按照有关办证规则需要核实或者对其有疑义的，应当进行核实，或者委托异地公证机构代为核实，有关单位或者个人应当依法予以协助。《公证程序规则》第二十八条明确要求，“公证机构进行核实，应当遵守有关法律、法规和有关办证规则的规定。公证机构派员外出核实的，应当由二人进行，但核实、收集书证的除外。特殊情况下只有一人外出核实的，应当有一名见证人在场”。核实公证事项以及证明材料，是公证机构的职责，但必须依照《中华人民共和国公证法》和《公证程序规则》规定的程序进行。即《中华人民共和国公证法》和《公证程序规则》规定的程序就是判定公证是否严重违反法定公证程序的标准。本案中，在对《债权债务确认协议》这一债权文书的公证审查过程中，北京市某公证处仅指派公证员助理一人外出办理核实事务，亦没有见证人在场，根本违反了外出核实应当由二人进行或有见证人在场的规定，属于严重违反法定公证程序的情形，依法应不予执行该公证债权文书。

· 编写人：广东省深圳市中级人民法院　吴文举

45

司法拍卖活动中悔拍人承担责任的法律适用

——雷某执行复议案

【案件基本信息】

1. 裁判书字号

重庆市第三中级人民法院（2023）渝 03 执复 32 号执行裁定书

2. 案由：执行复议

3. 当事人

复议申请人（异议人）：雷某

被申请人：郭某某

【基本案情】

重庆市垫江县人民法院（以下简称垫江法院）通过网络平台依法拍卖一套不动产产权，并发布了《拍卖公告》《竞买须知》。2023年4月7日，雷某交纳保证金100000元参与竞买，拍卖中4人竞买共出价51次，雷某出价24次，其余3人共出价27次，最终雷某以最高价1775584.8元竞买成功。后雷某未及时交纳尾款，垫江法院多次催促，宽限期内雷某仍未足额交纳，垫江法院依法对雷某交纳的保证金进行扣留。后案涉不动产重新拍卖成交，价款为1451667.84元，与原拍卖价款差价323916.96元。2023年10月9日，垫江法院作出责令补交差价通知书，责令雷某补交重新拍卖价款低于原拍卖价款的差价223916.96元（扣除保证金外）。雷某认为，《拍卖公告》《竞买须知》中悔拍法律后果相关规定是"违约条款"，违反法律规定、属于格式条款无效；其因征信逾期无法完成贷款审批，导致不能按期交纳剩余价款的行为属于非恶意的违约；《最高人民法院关于人民法院网络司法拍卖若干问题的规定》没有悔拍后补交差价的要求，垫江法院适用《最高人民法院关于人民法院民事执行中拍卖、变卖财产的规定》中的相关条款，属于违背新法优于旧法、特别法优于一般法的法律适用原则。故雷某认为其不应承担补交差价责任，遂向垫江法院提出执行异议，请求撤销责令补交差价通知书。

【案件焦点】

1.《拍卖公告》《竞买须知》中悔拍后保证金不予退还、补足重新拍卖价款低于原拍卖价款的差价这部分公示内容的效力；2. 雷某未按时足额交纳尾款是否属于悔拍，应承担何种责任；3. 雷某悔拍后的法律适用问题。

【法院裁判要旨】

重庆市垫江县人民法院经审理认为：司法拍卖基于法律赋予的强制执行权，《拍卖公告》《竞买须知》是对法律规定、竞买规则等的公示，非民事主体之间约定。雷某竞买成功后因自身原因未按期交纳尾款，确系悔拍。处理悔拍人保证金"不足以弥补两次拍卖之间的差价"问题，属于新法、特别法未规定，旧法、一般法有规定，特别法、新法优先适用的前提是特别法与一般法、新法与旧法规定不一致，二者情形不符。《最高人民法院关于人民法院网络司法拍卖若干问题的规定》第三十七条第三款规定，本规定对网络司法拍卖行为没有规定的，适用其他有关司法拍卖的规定。据此，根据《最高人民法院关于人民法院民事执行中拍卖、变卖财产的规定》第二十二条的规定，责令雷某补交差价，于法有据。

重庆市垫江县人民法院依照《最高人民法院关于人民法院民事执行中拍卖、变卖财产的规定》第二十二条，《最高人民法院关于人民法院网络司法拍卖若干问题的规定》第二十四条，《最高人民法院关于办理执行异议和复议案件若干问题的规定》第十七条第一项，《中华人民共和国民事诉讼法》第二百三十二条之规定，裁定如下：

驳回异议人雷某的异议请求。

雷某不服，提起复议。重庆市第三中级人民法院经审理认为：本案的争议焦点是雷某悔拍后是否应当承担补足重新拍卖价款低于原拍卖价款的差价的责任。第一，关于本案的法律适用问题。一审法院认为关于原竞买人所交纳保证金不足以弥补两次拍卖之间差价时是否需要补交差额这一问题，应当适用《最高人民法院关于人民法院民事执行中拍卖、变卖财产的规定》第二十二条之规定符合法律规定，并无不当。第二，执行法院已在拍卖公告以及竞买须知中明确了相关处理原则。本案拍卖公告中对悔拍所应当承担的后果已予以明示且司法解释规定有补差价规则的情况下，不宜认定为超出其预期。第三，从本案的社会效果来看。悔拍行为有违诚实信用原则，将对司法权威造成破坏，扰乱拍卖秩序，若只是在保证金范围内承担责任，不仅使当事人损失无法得到弥补，也不能充分体现出对悔拍人制裁或威慑的作用，亦不利于遏制悔拍现象。综上，雷某申请复议的理由不能成立，对其复议请求本院不予采纳。

重庆市第三中级人民法院依照《中华人民共和国民事诉讼法》第二百三十二条，《最高人民法院关于人民法院办理执行异议和复议案件若干问题的规定》第二十三条第一款第一项规定，裁定如下：

驳回复议申请人雷某的复议请求，维持重庆市垫江县人民法院（2023）渝0231执异52号执行裁定。

【法官后语】

网络司法拍卖，是人民法院依法开展的严肃执行活动，竞买人参与网络司法拍卖，应当严格遵守相关法律法规和竞买规则。雷某违反相关规定悔拍，造成当次拍卖其他有真实购买意愿的竞买人未能成功拍受，既对标的物变现产生不利影响，又扰乱人民法院司法拍卖秩序，应当依法承担法律责任。针对本案争议焦点，做如下评述：

一、关于《拍卖公告》《竞买须知》中公示内容的效力问题

《最高人民法院关于人民法院民事执行中拍卖、变卖财产的规定》第二十二条规定，拍卖成交或者以流拍的财产抵债后，买受人逾期未支付价款或者承受人逾期未补交差价而使拍卖、抵债的目的难以实现的，人民法院可以裁定重新拍卖。重新拍卖时，原买受人不得参加竞买。重新拍卖的价款低于原拍卖价款造成的差价、费用损失及原拍卖中的佣金，由原买受人承担。人民法院可以直接从其预交的保证金中扣除。扣除后保证金有剩余的，应当退还原买受人；保证金数额不足的，可以责令原买受人补交；拒不补交的，强制执行。从上述规定可知，《拍卖公告》《竞买须知》关于悔拍后保证金不予退还、补足重新拍卖价款低于原拍卖价款的差价之描述，系对相关法律规定的援引、公示，其作用系提醒不特定竞拍人悔拍的法定后果，而非平等民事主体之间的约定。同时，根据《最高人民法院关于人民法院网络司法拍卖若干问题的规定》第二十四条的规定："拍卖成交后买受人悔拍的，交纳的保证金不予退还，依次用于支付拍卖产生的费用损失、弥补重新拍卖价款低于原拍卖价款的差价、冲抵本案被执行人的债务以及与拍卖财产相关的被执行人的债务。悔拍后重新拍卖的，原买受人不得参加竞买。"司法拍卖活动中悔拍人仍将承担法律责任。

二、关于未按时足额交纳尾款是否属于悔拍以及应承担的责任

竞拍人参与网拍报名并交纳保证金后即取得竞拍资格，若竞拍人未应按期足额交纳尾款，致使此次拍卖目的无法实现，即可认定竞拍人属于悔拍行为。

本案中，雷某因自身原因导致的逾期未交纳尾款，客观上导致此次拍卖目的无法实现，除对当事人带来损失外，还对司法权威造成破坏，扰乱拍卖秩序，故应认定为悔拍行为。根据《最高人民法院关于人民法院民事执行中拍卖、变卖财产的规定》第二十二条的规定，雷某应补交重新拍卖价款低于原拍卖价款的差价。

三、关于异议人雷某悔拍后的法律适用问题

《中华人民共和国立法法》第一百零三条规定，特别法优于一般法、新法优于旧法的适用前提包括特别法与一般法、新法与旧法的规定不一致。同时，根据《最高人民法院关于人民法院网络司法拍卖若干问题的规定》第三十七条第三款的规定："本规定对网络拍卖行为没有规定的，适用其他有关司法拍卖的规定。"可见，关于原竞买人所交纳保证金不足以弥补两次拍卖之间差价时是否需要补交差额这一问题，应当适用《最高人民法院关于人民法院民事执行中拍卖、变卖财产的规定》第二十二条的规定。

综上所述，本案的依法处理，不仅体现了人民法院对悔拍人的制裁、威慑，有利于遏制悔拍现象、规范竞买人行为，维护了人民法院强制执行程序中的司法权威。同时，通过典型案例对网络司法拍卖相关法律适用的规则进行了释明，有助于保障网络司法拍卖秩序，对后续相关案件处理提供了案例参考。

编写人：重庆市垫江县人民法院　谭陈宇　李驰明　覃廷威

46

在法定期限内以非诉方式行使建设工程价款优先权的，应予支持

——某农业公司诉某会展中心破产债权确认案

【案件基本信息】

1. 裁判书字号

重庆市第三中级人民法院（2022）渝 03 民初 540 号民事判决书

2. 案由：破产债权确认纠纷

3. 当事人

原告：某农业公司

被告：某会展中心

【基本案情】

2014 年 2 月，某农业公司作为承包人与某会展中心签订了建设工程施工合同，约定某会展中心将某酒店的“零星工程”、管网及栏杆下砼带工程发包与某农业公司。某农业公司施工完毕后，于 2015 年 12 月 29 日与某会展中心对工程款进行了结算，确定“零星工程”的工程款金额为 1580150.7 元。2016 年 3 月 25 日，某农业公司向某会展中心发函主张对某会展公司的 1580150.7 元工程款享有建设工程价款优先权，某会展中心收到后于同年 8 月 23 日在该函件上盖章确认。后某会展中心向某农业公司支付了 20 万元。2018 年 8 月，经债权人某投资基金合伙企业申请，重庆武隆法院受理了某会展中心破产重整案，指定某清算公司担任某会展中心破产管理人。2021 年 4 月，某清算公司经核查，确认某农业公司对某会展中心享有普通债权，不认可某农业公司享有建设工程价

款优先权，理由是某农业公司未在建设工程竣工之日起六个月内通过诉讼方式主张优先权，某农业公司虽在工程竣工结算之日起六个月内发函主张优先权，但发函并非法定方式，且本案起诉已超过六个月除斥期间。

某农业公司提出如下诉讼请求：确认某农业公司对某会展中心享有建设工程价款优先权，即对某会展中心开发的某酒店工程折价或拍卖后的价款优先受偿。

【案件焦点】

某农业公司就某酒店工程是否享有建设工程价款优先权。

【法院裁判要旨】

重庆市第三中级人民法院经审理认为：根据《最高人民法院关于审理建设工程施工合同纠纷案件适用法律问题的解释（二）》（以下简称《建工司法解释（二）》）第十七条规定，与发包人订立建设工程施工合同的承包人，根据《中华人民共和国合同法》第二百八十六条①规定请求其承建工程的价款就工程折价或者拍卖的价款优先受偿的，人民法院应予支持。第一，某农业公司作为承包人与某会展中心作为发包人签订了某酒店项目建设施工合同，某农业公司施工完毕后与某会展中心就工程款进行了结算，现没有证据证明案涉工程存在质量问题，且某会展公司也未提出工程存在质量问题。第二，法律并未规定建设工程价款优先权只得以诉讼或仲裁方式行使，因此，只要承包人在法定期间内向发包人主张过优先受偿的权利，即可认定承包人行使了优先权。某农业公司是在与某会展公司进行结算后，以书面发函的方式向某会展公司主张建设工程价款优先权，某会展中心在该函上确认并加盖印章。据此认定承包人对于优先权的行使属于有效行使。第三，《建工司法解释（二）》第二十二条规定："承包人行使建设工程价款优先受偿权的期限为六个月，自发包人应当给付建设工程价款之日起算。"本案中，某农业公司与某会展中心在 2015 年 12 月 29

① 《中华人民共和国民法典》实施后，该条为《中华人民共和国民法典》第八百零七条。

日对工程款进行了结算。2016年3月25日，某农业公司向某会展中心发函，主张某农业公司对工程款享有建设工程价款优先权，未超过六个月的期限。虽然某会展公司于2016年8月23日才在该函上盖章确认，该盖章时间超过了六个月，但建设工程价款优先权的行使人是承包人，不能以其盖章确认的时间来认定是否超过了六个月的行使期限。

重庆市第三中级人民法院依照《中华人民共和国合同法》第二百八十六条，《最高人民法院关于审理建设工程施工合同纠纷案件适用法律问题的解释（二）》第十七条、第十九条、第二十一条、第二十二条规定，作出如下判决：

某农业公司对某会展中心的某酒店工程在欠付工程款债权1380150.7元范围内享有建设工程价款优先权。

【法官后语】

一、建设工程价款优先权的法理依据及实现条件

建设工程价款优先权的设立目的在于优先保护承包人依法获得建设工程报酬的权利，保护房地产建设产业健康发展，实现法的秩序价值。优先性在于，当建设工程发包人未依约支付工程款时，承包人有权以欠付工程款为限，就该工程折价或者拍卖的价款享有优先受偿的权利。根据《最高人民法院关于审理建设工程施工合同纠纷案件适用法律问题的解释（一）》（以下简称《建工司法解释（一）》）第三十六条规定，建设工程价款优先权的保护顺位优于抵押权和其他债权。另外，建设工程价款优先权的实现必须满足以下条件：一是权利主体为与发包人直接签订建设工程施工合同的承包人，转包人、分包人、实际施工人等均不得享有优先权；二是建设工程质量合格；三是承包人须在法律规定的期限内行使，《建工司法解释（二）》第二十二条规定为应付工程款之日起六个月，《建工司法解释（一）》第四十一条已修改为应付工程款之日起十八个月。

二、建设工程价款优先权实现方式的司法实践

《中华人民共和国民法典》及相关司法解释并未明确规定建设工程价款优先权行使方式。司法实践中主要有以下方式：（1）协议折价。承包人与发包人

签订以房抵债协议以优先抵偿其工程款。(2) 诉讼或仲裁。承包人提起诉讼或仲裁要求发包人支付工程款并确认其优先权，依据生效判决书、调解书、仲裁文书等可向人民法院申请强制拍卖建设工程，以拍卖款优先抵偿其工程款。(3) 案外人执行异议。其他债权人向执行法院申请强制拍卖建设工程，承包人可以案外人身份直接向执行法院主张优先权并直接参与拍卖款优先分配。(4) 破产债权申报确认。向破产管理人主张优先权。发包人进入破产程序的，承包人尚未得到生效裁判文书确认其优先权，可直接向破产管理人主张，破产管理人不同意的，承包人可提起诉讼主张确认。(5) 向发包人发函。司法实践中，承包人向发包人直接发函主张行使优先权的案例频发，理论界和实务界对其效力长期存在争议，裁判尺度不统一。

三、承包人在法定期限内以非诉方式向发包人主张建设工程价款优先权应予支持

建设工程价款优先权主要涉及承包人与其他债权人、破产管理人之间的争议。承包人是否在合理期限内以法律认可的方式行使其优先权为争议焦点。立法设置的合理期限，旨在督促权利人及时行使权利，否则有可能承担过期无效的法律后果。就民事权利的行使方式而论，应当适用法无明文禁止即可为的原则。根据行业惯例，建设工程的承包人，往往需自行垫支施工，屡次向发包人讨要工程款而不得的情况时有发生。承包人为获取工程款，不被发包人拖延为难，不到万不得已一般不会提起诉讼。承包人在法律规定的应付工程款之日起的合理期限内向发包人发函主张行使建设工程价款优先权合乎情理，应认定承包人已在合理期限内行使了建设工程价款优先权，发包人是否同意或确认承包人的发函主张，不影响优先权效力的认定。此后，承包人再通过诉讼方式主张确认并实现优先权的，人民法院应予支持。

编写人：重庆市第三中级人民法院　张籍

47

法院可以依申请追加成年后的侵权行为人为被执行人

——王某甲申请追加被执行人案

【案件基本信息】

1. 裁判书字号

河北省邯郸市邯山区人民法院（2023）冀0402执异106号执行裁定书

2. 案由：申请追加被执行人

3. 当事人

异议人（申请执行人）：王某甲

被执行人：李某某、郭某某

第三人：李某乙

【基本案情】

李某乙，2001年5月26日出生。2015年6月15日，李某乙驾驶电动三轮车沿机动车道路逆向行驶时，碰撞到卢某某驾驶电动自行车的乘坐人王某甲腿部，造成王某甲受伤的交通事故。经公安交警部门认定，李某乙承担此事故的全部责任，卢某某和王某甲无此事故责任。事故发生后，王某甲向法院提起民事诉讼，法院认为，因被告李某乙系未成年人且无经济来源，故应由其监护人承担相应赔偿责任。2015年11月23日法院作出（2015）邯山民初字第1320号民事判决书，判决李某乙之父、李某乙之母于本判决生效之日起十日内赔偿王某甲医疗费、误工费、住院伙食补助费、护理费、精神损害抚慰金、残疾辅助器具费、残疾赔偿金共计128883.52元。判决生效后，李某乙父母均未履行义务，王某甲向法院申请强制执行，法院立（2016）冀0402执736号执行案件。因李某乙之父母无财产可供执行，法院终结本次执行程序。后王某甲申请恢复执行，法院立（2020）冀0402执恢25号执行案件，因无财产可供执行，法院终结本次执行程序。后李某乙成年，王某甲发现李某乙有可供执行财产，申请追加李某乙为被执行人。

【案件焦点】

在执行实务中，法院能否依申请将成年后的侵权行为人追加为被执行人并执行其财产。

【法院裁判要旨】

河北省邯郸市邯山区人民法院认为：将已成年的民事诉讼案件未成年被告追加为被执行人符合法律规定。本案中，可以将已成年的民事诉讼被告李某乙追加为被执行人，理由如下：（1）根据《中华人民共和国民法典》第一千一百六十五条第一款“行为人因过错侵害他人民事权益造成损害的，应当承担侵权责任”的规定，本案民事诉讼案件未成年被告李某乙承担民事责任符合法律规定。（2）根据《中华人民共和国民法典》第一千一百八十八条第二款“有财产的无民事行为能力人、限制民事行为能力人造成他人损害的，从本人财产中支付赔偿费用；不足部分，由监护人赔偿”的规定，民事诉讼案件未成年被告李某乙造成他人损害的，首先从未成年本人财产中支付赔偿费用，不足部分，再由监护人承担赔偿责任。既然有财产的未成年被告在未成年时，依法应承担民事责任，那么未成年被告在成年后，对监护人依法从本人财产中支付赔偿费用的不足部分，承担赔偿责任，也符合立法精神。（3）实际侵权行为人成年后承担责任符合社会公平正义的要求，要求实际侵权人自负其责也符合社会对公平正义的普遍认知。本案中，李某乙已成年，已具有经济能力和独立的责任财产，依法追加其为本案的被执行人，更具法律意义。

河北省邯郸市邯山区人民法院裁定如下：

追加李某乙为（2020）冀0402执恢25号执行案件的被执行人。

【法官后语】

在民事侵权纠纷中，一般将侵权行为人作为侵权责任的承担主体。然而当案涉未成年人侵权纠纷时，虽然未成年人是实施侵权行为的实然主体，但由于其年龄、智力、认知水平等方面的有限性，造成其承担民事责任能力的有限性和实际赔偿能力的有限性，为了保障被侵权人得到救济的最大可能性，法律将相应民事赔偿责任转移给了未成年侵权行为人的监护人，规定由未成年侵权行为人的监护人替代未成年人承担民事赔偿责任。当未成年侵权行为人成年后，能否将其追加为被执行人，对其所有的财产采取执行措施，对此法律并无明文规定，司法实践中也并无一致统一的观点和做法。

从实体法上看，《中华人民共和国民法典》第一千一百八十八条第一款规定，“无民事行为能力人、限制民事行为能力人造成他人损害的，由监护人承担侵权责任。监护人尽到监护职责的，可以减轻其侵权责任”。此规定将监护人责任定性为一种无过错的替代责任，监护人即使尽到相应监护义务仍不能完全免责。第一千一百八十八条第二款继续规定，“有财产的无民事行为能力人、限制民事行为能力人造成他人损害的，从本人财产中支付赔偿费用；不足部分，由监护人赔偿”。换言之，有财产的被监护人首先应以其个人财产承担民事赔偿责任，其监护人对其民事侵权行为所承担的责任属于补充赔偿责任。可以看出，我国法律对监护人责任的性质界定并非一种单一责任，而是呈现多元化架构，以监护人无过错责任为原则，由监护人对未成年被监护人的侵权行为承担替代赔偿责任或补充赔偿责任。通过设立此种多元责任承担架构，对被侵权人民事权益进行最大限度的保障，确保被侵权人得到救济的最大可能性。与此同时，该规定也反映出，其立法本意秉持的理念为，理论上任何人都应当对其民事侵权行为独立承担赔偿责任，当未成年侵权行为人有相应赔偿能力时，应当首先以其个人财产承担对被侵权人的赔偿责任。因此，如果由于法律上暂无明文规定而使有责任能力的实际的侵权行为人免予担责，显然与立法宗旨相悖。因此，由成年后的实际侵权行为人以其个人所有财产承担因其自身行为所引发的赔偿责任，既遵循了立法宗旨，符合公平正义原则，也符合社会公众的普遍期待和认知。

从程序法上看，《最高人民法院关于民事执行中变更、追加当事人若干问题的规定》第一条规定，执行过程中，申请执行人或其继承人、权利承受人可以向人民法院申请变更、追加当事人。申请符合法定条件的，人民法院应予支持。并对执行过程中可以申请追加当事人的具体情形进行了明确规定。然而该规定全文并不包含关于能否追加成年后的侵权行为人为被执行人的情形。有观点认为，执行程序中追加被执行人，意味着直接通过执行程序，确定由生效法律文书列明的被执行人以外的人承担实体责任，会对有关主体的实体权利和程序权利产生极大影响，因此，追加被执行人应仅限于法律和司法解释明确规定的追加范围，因此不应追加成年后的未成年人为被执行人。笔者认为，追加被执行人的确应遵循法定主义原则，在处理当事人的实体权利时持有审慎态度。但是，未成年人侵权行为引发的侵权纠纷案件属于例外情形。在此类案件中，通常将未成年人与其监护人一并列为被告，虽然往往因未成年侵权行为人责任能力和经济能力不足，判决由其监护人承担相应民事责任，但未成年侵权行为人亦在程序上作为诉讼当事人参与了案件的审理，且法院通过判决在实体上确认未成年人对其侵权行为确实负有责任。因此，追加成年后的侵权行为人为被执行人并不会对当事人诉讼权利和实体权利产生额外影响，也并不违反有关立法宗旨。执行过程中，在监护人无赔偿能力时，由成年后的侵权行为人以其后来的财产承担赔偿责任，可以很好地避免当事人法益的严重失衡，符合文明执行、善意执行理念。

法律具有滞后性，既无法对社会生活面面俱到，更不可能与社会发展完全同步，在司法过程中，法官需要准确把握相关法律的立法宗旨，遵循公正与效率的司法理念，填补“法律真空”，争取最大程度上平衡好当事人双方的权益。当前，未成年人犯罪及侵权的案件呈上升趋势，未成年人侵权案件主体的确定及其成年后能否追加为被执行人的认定将对化解此类案件执行难题举足轻重。本案通过综合分析《中华人民共和国民法典》第一千一百八十八条和第一千一百六十五条的立法本意，结合公正与效率的司法理念，作出当监护人无赔偿能力，而侵权行为人成年后具备了完全责任能力和相应赔偿能力时，可以依申请追加成年后的侵权行为人为被执行人的裁定，不仅有助于在维护社会公平正义的同时解决案件执行难题，提高执行效率，而且可以在最大程度上保障案件当事人的合法权益，彰显新时代人民司法的力度和温度。

编写人：河北省高级人民法院　李一鸣
河北省邯郸市邯山区人民法院　安燕龙　宋霄燕

48

为取得刑事谅解达成和解协议并赔偿后未公诉的，不构成不当得利

——张某某诉许某某不当得利案

【案件基本信息】

1. 裁判书字号

山东省德州市乐陵市人民法院（2024）鲁1481民初871号民事判决书

2. 案由：不当得利纠纷

3. 当事人

原告：张某某

被告：许某某

【基本案情】

2022年1月初，被告许某某在珍婚网认识原告之女张某甲，张某甲要求许某某表达诚意，许某某先后共消费36870元购买礼物表示诚意。二人见面后张某甲向许某某索要华为手机一部、金手镯一个、现金等。2022年3月初二人分手，张某甲拒不归还许某某财物，2022年3月13日许某某至济南市华山派出

所报案。2022 年 3 月 14 日历城区公安分局立案侦查。经侦查，张某甲涉嫌诈骗犯罪。2023 年 2 月 10 日，历城区公安分局对张某甲采取刑事拘留强制措施并网上追逃。2023 年 2 月 14 日张某甲在昆明市火车站被昆明铁路公安处昆明站派出所民警抓获。2023 年 2 月 16 日，张某甲被送至济南市看守所执行拘留。

2023 年 2 月 27 日被告许某某书写的收到条，其中载明"今收到张某甲父亲张某某自愿向我退赃款以及经济损失赔偿 170000 元（大写：拾柒万元整），我同意将该款项转至某银行股份有限公司，收到人：许某某 2023 年 2 月 27 日"。被告同日为原告出具刑事谅解协议一份，其中载明："甲方：许某某，乙方……张某某……甲方与张某甲因恋爱过程中发生不快引发纠纷，甲方于 2022 年 3 月 12 日向济南市华山派出所报警，后张某甲因涉嫌诈骗罪被刑事拘留，现羁押在济南市看守所。事发后，经甲乙双方协商一致，就甲方对张某甲的谅解事宜达成协议如下：一、乙方及张某甲对甲方深感歉意，向甲方赔礼道歉，请求甲方予以充分谅解。二、乙方于本协议签订之日自愿代张某甲一次性向甲方全额退赔并补偿共计人民币 170000 元（大写：拾柒万元整），用以弥补甲方所造成的损失。三、甲方同意乙方通过银行转账的方式支付本协议第二项所列全部……四、甲方对张某甲的行为表示谅解，并自愿表示不再继续追究其刑事责任及民事责任，并保证在必要时配合乙方及张某甲向司法机关说明本协议的情况，出具相关文件或证明，甲方恳请本案机关免除对张某甲的刑事处罚，对其宽大处理……"

2023 年 3 月 13 日，张某甲被变更强制措施为取保候审。

2023 年 9 月 1 日济南市历城区公安局城区分局以张某甲涉嫌诈骗移送济南市历城区人民检察院审查起诉。2023 年 12 月 19 日经济南市历城区人民检察院以"张某甲虚构事实、隐瞒真相的事实不清、证据不足"为由出具不起诉决定书。

【案件焦点】

为取得刑事谅解达成和解协议并赔偿后未公诉的，是否构成不当得利。

【法院裁判要旨】

山东省德州市乐陵市人民法院经审理认为：不当得利是指一方获利、他方受损、一方获利与他方受损之间有因果关系、获利无合法依据。本案中，原告给付被告的款项是基于给被告造成了一定损失，在双方签订的刑事谅解协议中体现为退赔及补偿款项。因被告实际产生了财产性损失，其签署刑事谅解协议涉及出具谅解书的前提亦是基于收到了该案所涉款项，其收取该款项具有合法性。且在本院依据原告申请在检察机关调取的卷宗材料中相关刑事谅解协议、谅解书及签订过程照片均随案移送，故，对于原告的诉讼请求不予支持。原告若认为其给付的案涉款项被告非法取得，可通过其他途径另行解决。

综上所述，依照《中华人民共和国民事诉讼法》第六十七条，《最高人民法院关于适用〈中华人民共和国民事诉讼法〉的解释》第九十条规定，判决如下：

驳回原告张某某的诉讼请求。

判决后，双方当事人均未上诉，本判决现已生效。

【法官后语】

本案主要涉及为取得刑事谅解达成和解协议并赔偿后未公诉的，是否构成不当得利的问题。

司法实践中，加害人往往会在公诉以前通过对被害人进行赔偿损失等，表达真诚悔罪，以期待获得被害人谅解，争取获得取保候审及法院从宽处罚的机会。就赔偿数额而言，通常高于被害人所受损失的金额。但，如果被害人取得赔偿之后，检察机关决定不起诉的，之前被害人基于和解协议取得赔偿是否就丧失了合法性，是否构成不当得利，是处理此类涉和解协议案件的典型性问题。

《中华人民共和国民法典》第一百二十二条规定：因他人没有法律根据，取得不当利益，受损失的人有权请求其返还不当利益。根据该规定，不当得利成立的构成要件有四项：一方获得利益，另一方受到损失，获利与受损之间具有因果关系，获得利益没有合法根据。刑事和解协议在公诉背景下，其目的虽然具有加害人请求从宽处罚表征，以取得强制措施或刑事处罚上的宽宥为目的。但被害人对加害人从宽处罚的表示，显然并不能直接产生刑法上的约束力。和解协议本身包含了对不法行为造成损失的物质赔偿。当事人在刑事和解协议中约定的道歉、赔偿、谅解等内容，本质上仍属于民事私权利处分的范畴。其通过协议约定的形式使侵权责任转化为一种合同义务，属于在不违反法律法规强制性规定的情形下当事人的意思自治，及对自身权利有效处分。因此刑事和解协议具备相应的民事法律效力。无论是基于诚实信用原则，还是和解协议的民事效果。和解协议签订后，即对当事人具有法律约束力，即使由于被害人的谅解或其他情节未产生公诉判刑的法律后果，双方亦应按约履行，除法定事由，无权以不当得利为由，请求返还赔偿款项。具体到本案中，加害人家属自愿与被害人达成协议，约定向被害人退赃款赔偿经济损失，请求受害人予以充分谅解，受害人表示谅解。上述协议内容不违反法律法规的强制性规定，且主要约定内容为加害人一方积极退赃款及赔偿经济损失，系合法有效约定，双方当事人已实际履行了和解协议。所涉刑事案件未进行公诉，并不导致受害人收取赔偿款成为不当得利的法律后果。

现今，虽然社会法治化发展迅速，但也不乏有人诉诸非法手段解决矛盾纠纷。涉及刑事案件和解协议的刑事法律效力的规定并不明确，现有法律对此类和解协议的民事效力亦无详细规定。但从此类和解协议民事法律效力角度来讲，以和解方式来解决纠纷，既是当事人处分自己权利的意思自治行为，也为及时获得侵害赔偿提供了有效方案。参考民法典中关于合同效力规定的法律精神，如果不存在合同无效和合同可撤销的法定事由，各方当事人均应秉持诚实，恪守承诺，按照和解协议约定的内容履行。而本案所体现出的对未公诉情形下基于刑事谅解收取赔偿是否构成不当得利的裁判思路，对审理类案，作出正确裁判，具有参考价值。

编写人：山东省乐陵市人民法院　张来　聂政香　化兆昌

49

公司无可供执行财产，未届出资期限的股东应承担补充赔偿责任

——李某平诉王某甲等执行异议案

【案件基本信息】

1. 裁判书字号

北京市顺义区人民法院（2023）京0113民初9979号民事判决书

2. 案由：执行异议

3. 当事人

原告：李某平

被告：王某甲、孙某连、某科技公司

【基本案情】

某科技公司成立于2016年2月2日，股东为王某甲，认缴出资额为1000万元，认缴出资期限为2046年1月29日。2017年10月30日，某科技公司变更注册资本为300万元，股东王某甲变更认缴出资300万元，认缴出资期限为2046年1月29日。2017年11月17日，某科技公司变更注册资本为400万元，股东王某甲出资300万元，股东王某乙出资100万元，二人出资时间皆为2046年1月29日。2018年3月28日，王某甲将持有的某科技公司300万元股权转让给孙某连，孙某连的认缴出资额为300万元，王某乙的认缴出资额为100万元，二人出资时间皆为2046年1月29日。2018年6月22日，某科技公司注册资本变更为2万元，孙某连的认缴出资额为1.5万元，王某乙的认缴出资额为0.5万元，二人出资时间皆为2046年1月29日。

李某平与被告某科技公司劳动争议纠纷一案，法院作出（2022）京0113民初4151号民事判决书，判决：被告某科技公司支付原告李某平一次性伤残补助金50859.6元，停工留薪期工资20400元，住院伙食补助费570元，一次性医疗补助金94806元，一次性伤残就业补助金94806元。

因某科技公司未履行（2022）京0113民初4151号判决书确定的义务，李某平向法院申请执行，法院依法立案执行，案号为（2022）京0113执8381号。执行过程中，法院未能查到被执行人其他可供执行的财产申请执行人，亦未能提供被执行人可供执行的财产及线索，法院裁定终结本次执行程序。

李某平提出追加被执行人申请，申请追加王某甲、孙某连为被执行人。法院作出（2023）京0113执异307号裁定书，驳回了该申请。

后李某平执行异议之诉请求追加王某甲、孙某连为（2022）京0113执8381号（以下简称8381号）案件被执行人，对某科技公司债务在未实缴范围内承担补充赔偿责任。

【案件焦点】

公司无可供执行财产，未届出资期限的股东，是否在未出资范围内承担补充赔偿责任。

【法院裁判要旨】

北京市顺义区人民法院经审理认为：2017年7月8日，李某平受伤；2017年7月9日至7月28日，李某平住院。此时，某科技公司对李某平的债务即已产生。

《最高人民法院关于民事执行中变更、追加当事人若干问题的规定》第十七条规定："作为被执行人的营利法人，财产不足以清偿生效法律文书确定的债务，申请执行人申请变更、追加未缴纳或未足额缴纳出资的股东、出资人或依公司法规定对该出资承担连带责任的发起人为被执行人，在尚未缴纳出资的范围内依法承担责任的，人民法院应予支持。"

在注册资本认缴制下，股东依法享有期限利益。债权人以公司不能清偿到期债务为由，请求未届出资期限的股东在未出资范围内对公司不能清偿的债务承担补充赔偿责任，人民法院一般不予支持。但是，公司作为被执行人的案件，人民法院穷尽执行措施无财产可供执行，已具备破产原因但不申请破产时，可以加速股东出资到期。

《最高人民法院关于适用〈中华人民共和国企业破产法〉若干问题的规定（一）》第一条第一款规定："债务人不能清偿到期债务并且具有下列情形之一的，人民法院应当认定其具备破产原因：（一）资产不足以清偿全部债务；（二）明显缺乏清偿能力。"第二条规定："下列情形同时存在的，人民法院应当认定债务人不能清偿到期债务：（一）债权债务关系依法成立；（二）债务履行期限已经届满；（三）债务人未完全清偿债务。"

本案中，因某科技公司无可供执行的财产，法院裁定终结本次执行程序；故可以认定某科技公司明显缺乏清偿能力，该公司未届出资期限的股东可以适用加速到期的规定。孙某连虽出资期限为 2046 年 1 月 29 日，但其享有的认缴出资期限利益已经不具备法定条件，应当认定孙某连未足额缴纳出资，李某平有权申请追加孙某连为被执行人。

北京市顺义区人民法院判决如下：

一、追加被告王某为（2022）京 0113 执 8381 号执行案件的被执行人，被告王某应在 1000 万元范围内对（2022）京 0113 民初 4151 号民事判决书确定的第三人某科技公司的债务承担连带责任；

二、追加被告孙某为（2022）京 0113 执 8381 号执行案件的被执行人，被告孙某连在 300 万元范围内对（2022）京 0113 民初 4151 号民事判决书确定的第三人某科技公司债务不能清偿部分承担补充赔偿责任。

【法官后语】

本案审理依据的核心是《全国法院民商事审判工作会议纪要》第六条规定，本条是关于公司在非破产与解散情形下股东出资应否加速到期的规定。《全国法院民商事审判工作会议纪要》第六条规定，对解决执行难有好处，且不会增加很多案件。需要注意的是，虽然标准是"已具备破产原因，但不申请破产的”股东出资应当加速到期，但在这种情形下，加速到期的财产归公司的债权人，而不像破产那样归公司。根据本纪要的规定，公司作为被执行人的案件，因穷尽执行措施无财产可供执行，已具备破产原因，但不申请破产的，公司债权人可以起诉未届出资期限的股东，请求其对公司未能清偿的债务承担补充赔偿责任。换言之，只要出现本纪要规定的第一种情形，公司债权人就享有要求股东的出资加速到期的权利。债权人的这种诉讼，是就自身利益的诉讼，所获收益归原告债权人个人，而不归债务人。其不是代表全体债权人诉讼。这一点与破产案件中管理人起诉未届出资的股东加速到期不同。与管理人不起诉时个别债权人起诉未届出资的股东也不同，这时的债权人是代表全体债权人起诉，所获收益归破产人。实际上在这种情形下，就公司个别债权人利益和整体债权人利益的平衡方面，考虑到毕竟不是“破产程序”，所以倾向了个别债权人，但并不妨碍其他债权人申请公司破产，也不妨碍公司自身申请破产。一旦申请破产，那么未届出资期限的股东应当将其出资加速到期，归入债务人财产，实现所有债权人公平清偿。

编写人：北京市顺义区人民法院　黄心宇

ISBN 978-7-5216-5069-3

图书在版编目（CIP）数据

中国法院2025年度案例. 执行案例 / 国家法官学院，最高人民法院司法案例研究院编. -- 北京 ： 中国法治出版社，2025. 4. -- ISBN 978-7-5216-5069-3

Ⅰ. D920.5

中国国家版本馆CIP数据核字第2025A7Z808号

策划编辑：李小草　韩璐玮　白天园

责任编辑：李若瑶　　封面设计：李宁

中国法院2025年度案例. 执行案例

ZHONGGUO FAYUAN 2025 NIANDU ANLI. ZHIXING ANLI

编者/国家法官学院，最高人民法院司法案例研究院

经销/新华书店

印刷/三河市紫恒印装有限公司

开本/730毫米×1030毫米　16开　　印张/ 14.5　字数/ 175千

版次/2025年4月第1版　　2025年4月第1次印刷

中国法治出版社出版

书号 ISBN 978-7-5216-5069-3　　定价：68.00元

北京市西城区西便门西里甲16号西便门办公区

邮政编码：100053　　传真：010-63141600

网址：http：//www.zgfzs.com　　**编辑部电话：010-63141785**

市场营销部电话：010-63141612　　**印务部电话：010-63141606**

（如有印装质量问题，请与本社印务部联系。）